国家级教学成果奖

“十二五”普通高等教育本科国家级规划教材　配套参考书

中国人民大学会计系

《会计学（非专业用）（第6版）》

学习指导书

徐经长　孙蔓莉　周　华　编著

Study Guide to Accounting

中国人民大学出版社

· 北京 ·

总序

中国人民大学会计系列教材（以下简称系列教材）自1993年推出第1版至今，已有20余年了。这期间我国经济实现了高速发展，会计制度与会计准则也发生了巨大变化，大学会计教育无论从规模还是质量来看都有了长足的进步。回顾20余年的发展历程，从系列教材的第1版到现在呈现在读者面前的第8版，我们都在努力适应会计环境和教育环境的变化，尽可能满足高校会计教学的需要。

系列教材第1版是由我国当时的重大会计改革催生的。那次会计改革的“一个显著特点是国家会计管理部门改变了新中国成立以来一直沿用的通过制定和审定分部门的会计制度来规范各基层单位会计工作的模式，代之以制定所有企业均适用的会计准则来指导会计核算工作的模式”（阎达五，系列教材第1版总序）。我们在编写时关注两个重点：一是适应我国会计制度从苏联模式向以美国为代表的西方模式的转变，教材的编写遵循1992年颁布的“两则两制”的要求；二是教材之间尽可能避免重复。第1版包括9本教材，即《初级会计学》《财务会计学》《成本会计学》《经营决策会计学》《责任会计学》《高级会计学》《财务管理学》《审计学》《计算机会计学》。

系列教材第2版从1997年10月起陆续出版。为适应各院校的课程开设需要，将《经营决策会计学》与《责任会计学》合并为《管理会计学》。

系列教材第3版从2001年11月起陆续出版。“第3版修订工作除了因国家修订《会计法》、国务院颁布《企业财务会计报告条例》、财政部修订和颁布《企业具体会计准则》以及颁布新的《企业会计制度》等法律法规需要进一步协调原教材与现行规章制度不够衔接之处外，还尽可能吸收了国内外财会理论界所取得的一些新的理论研究成果”（阎达五，系列教材第3版总序）。

系列教材第4版从2006年7月起陆续出版。第4版进一步修订了教材与2007年1月1日开始实施的新《企业会计准则》和《注册会计师审计准则》之间的不协调之处，并将《计算机会计学》变更为《会计信息系统》。

系列教材第5版从2009年6月起陆续出版。第5版对《高级会计学》《财务管理学》《财务会计学》等书的框架结构做了较大调整，新增《会计学（非专业用）》一书。

系列教材第6版从2012年6月起陆续出版。针对教育部强化本科教育实务性、应用性的要求，新增"简明"和"模拟实训"两个子系列，并为《初级会计学》和《成本会计学》配备实训资料，提供教学用PPT、学习指导书等教辅资源。

系列教材第7版从2014年4月起陆续出版。内容上及时反映了《公司法》（2013年修正）的变动，深入阐释了财政部自2014年1月以来先后发布的7项新会计准则。此外，新增《财务报表分析》一书。教辅资源更加丰富、实用。

系列教材第8版从2017年8月起陆续出版。体现了营改增、会计准则等多项财税法规的最新动态，其中《初级会计学》《管理会计学》做了大幅度的修订，《财务会计学》修订至第11版，并新增《政府与非营利组织会计》一书。

当今社会，大学生的就业压力很大，就业市场对大学教育的影响日益增大。具体到会计学专业，一个突出的表现是注册会计师考试对大学会计教育的影响上。在关注学生参加注册会计师考试这一客观需要的同时，系列教材更加重视学生的长远发展，以及学生基本素质和能力的培养。注册会计师考试注重现行法律法规等规定理所当然，但大学会计教育不能局限于对现行法律法规的介绍与解释，而应当更加重视培养学生发现问题、分析问题和解决问题的能力。究其原因，一是社会经济环境日趋复杂，对会计专业人才的要求不断提高。随着信息技术的快速发展，很多技能性的会计核算工作逐渐被计算机替代，会计工作的重点由核算转向管理是一种必然的趋势。这就要求我们将人才培养的重点由核算型转向管理型。二是会计规范形式已经由会计制度转向会计准则，这也要求会计专业人员具有更强的职业判断能力。为了培养学生处理复杂业务和适应环境变化的能力，在教材的编写和使用中重视以问题为导向，可能是一种有效的方法。为此，系列教材的修订更多注重引导学生积极思考，将对会计准则等法规的介绍和解释融入对会计基本理论的阐释和对解决问题的探索之中。

在教材编写和使用过程中，我们更加重视同一门课程内容的前后联系以及各门课程之间的内在关联，以更好地帮助学生把握相关专业知识的系统性和整体性，努力避免局部知识之间相互隔离、彼此割裂。

中国人民大学会计系列教材是在我国著名会计学家阎达五教授等老一辈会计学者的精心呵护下诞生，在广大兄弟院校的大力支持下逐渐成长的。我们衷心希望系列教材第8版能够继续得到大家的认可，也诚恳地希望大家多提改进建议，以便我们在今后的修订中不断完善。

中国人民大学会计系

前言

中国人民大学会计系列教材《会计学（非专业用）》自2010年推出第1版，所采用的研究型教学方法受到了广大兄弟院校骨干教师的欢迎。书中通过延伸阅读等方式阐述会计规则的形成过程、法律背景和理论依据，扼要介绍我国流转税法、所得税法、公司法、金融法、票据法、知识产权法等相关知识点。实践证明，将经济法、税法和会计学课程紧密结合起来开展基于交叉学科的辩证教学，能够收到事半功倍的效果。

《会计学（非专业用）》至今已推出第6版，一直受到理论界和实务界同仁的广泛关注。很多院校将该教材用作商学院或经济管理学院本科生学科基础课的指定用书；也有很多院校将该教材用作财政学、金融学、经济学、人力资源管理、国民经济管理、行政管理、农林经济管理等相关学科的专业选修课教材；很多老师将该教材带到了MBA，EMBA的课堂上，用作会计学课程的学习用书；也有很多老师将该教材用作企业高层管理培训的案头读物。

为了帮助读者朋友切实培养研究型学习能力，培养会计管理技能，我们根据第6版教材的内容编写了《〈会计学（非专业用）〉学习指导书》。学习指导书对教材中的重点难点进行了总结，以期帮助读者朋友把握每个章节的要领，体会熟能生巧之妙。书中提供了我们在教学实践中编写的具有较高效度的练习题，收录了会计专业技术资格考试和注册会计师考试的真题，以期帮助读者朋友牢牢掌握所学知识，增强实战能力，避免纸上谈兵。

本书具有如下特点：

1. 根据第6版教材的内容，详细阐释每章的学习目标和学习重点难点。这部分内容有利于读者提纲挈领，把握相关知识的系统性和整体性，努力避免局部知识之间相互隔离、彼此割裂。从整体上了解学习目标，方可游刃有余。

2. 根据第6版教材的内容，精心编制大量练习题。这些练习题都是编者多年教学心血的凝结，有利于读者尽快地掌握会计学的基本原理和基本方法。

3. 给出教材各章思考题、填表题和练习题的参考答案。这些答案有利于读者检查自己的学习成果，有针对性地对自己发生的错误进行深入思考和探究。

本书由徐经长、孙蔓莉、周华编著。各章编写分工为：第1，2章由孙蔓莉执笔；第3，4，10，11，12，13章由周华执笔；第5，6，7，8，9章由徐经长执笔。张蓓、曾玥、孙安文、尤希琦等同学协助对书稿进行了多次校对，中国人民大学出版社的编辑们提供了大量的帮助，在此一并致谢。

由于编者水平有限，书中难免存在疏漏乃至错误之处，敬请批评指正。

目 录

第 1 章 总 论

Chapter 1

学习目标

本章学习的主要目的是帮助同学们了解会计学的基础知识。通过本章的学习，应掌握会计基本假设和基本质量特征的含义，财务报表的基本特点，会计要素的含义，会计职业道德的意义；理解会计信息的主要使用者及其会计信息需求，资产负债表、利润表、现金流量表的主要构成内容；了解会计与经济环境的关系，会计法规体系，会计职业发展机会。

学习指导

一、学习重点

本章学习的重点是理解会计职能、会计要素、会计基本假设、会计信息质量要求。会计作为一门特殊的管理科学需要较强的技术性，通过本章对会计基础知识的学习，会为之后章节的学习打下良好的基础。

二、学习难点

会计基本理论的含义及其应用对于初学者来讲，比较难以准确把握。但是无须为此忧虑。随着课程的深入，可以通过经济业务的会计处理反复不断地体会和实践，从而加深对会计假设和会计原则的理解。

初次接触三大报表，需要熟悉三大报表的基础等式和基本组成内容。各个报表所报告的信息内容直接对应于会计信息使用者的信息需求，而会计信息使用者需求又是随着经济的发展而变化的。因此，教材的内容前后呼应，有密切的逻辑关系，在学习过程中了解它们之间的相互关系，将大大提高学习效率。

会计法规体系和职业道德问题虽然知识难度不高，但是对于未来的会计学习和执业具有重要意义。

练习题

一、单项选择题

1. 会计的本质是（　　）。

A. 一种经济管理目标　　B. 一种货币资产管理工作

C. 一种经济管理工作　　D. 一种技术工作

2. （　　）是指会计所核算和监督的内容。

A. 会计职能　　B. 会计本质

C. 会计对象　　D. 会计方法

3. 下列各项中，属于会计基本职能的是（　　）。

A. 会计核算与会计预测　　B. 会计核算与会计决策

C. 会计核算与会计监督　　D. 会计核算与会计分析

4. 由于（　　）的存在，才产生了本期和其他期间的差异，从而出现了权责发生制和收付实现制。

A. 会计主体　　B. 持续经营

C. 会计分期　　D. 货币计算

5. 下列各项中，不属于我国常见的会计期间的是（　　）。

A. 1月1日起至12月31日

B. 1月1日起至6月30日

C. 6月1日起至9月30日

D. 2月1日起至2月28日

6. 在会计核算的基本前提中，界定会计核算和会计信息的空间范围的是（　　）。

A. 会计主体　　B. 持续经营

C. 会计期间　　D. 货币计量

7. 导致权责发生制的产生，以及预提、摊销等会计处理方法运用的假设是（　　）。

A. 会计主体　　B. 持续经营

C. 会计分期　　D. 货币计量

8. 根据《中华人民共和国会计法》的规定，我国会计年度的期间为（　　）。

A. 公历1月1日起至12月31日止

B. 农历1月1日起至12月21日止

C. 公历4月1日起至次年3月31日止

D. 农历10月1日起至次年9月31日止

9. 我国的会计期间包括会计年度和会计中期，并且均按公历起讫日期确定。下列不属于会计中期的是（ ）。

A. 旬 B. 月度 C. 季度 D. 半年度

10. 会计是以（ ）为主要计量单位，反映和监督一个单位经济活动的一种经济管理工作。

A. 实物 B. 货币 C. 数量 D. 劳动时间

11. 我国企业会计中对收入和费用进行确认计量的基础是（ ）。

A. 实地盘存制 B. 永续盘存制

C. 权责发生制 D. 收付实现制

12. 股东（投资者）作为财务会计报告的使用者之一，其主要关注（ ）。

A. 企业财务状况好坏、经营业绩的大小以及现金的流动情况

B. 职工福利的好坏

C. 投资的内在风险和投资报酬

D. 企业的兴衰及其发展情况

13. 企业应对同一会计期间内的各项收入和与其相关的成本、费用在该会计期间内确认，运用的会计原则是（ ）。

A. 重要性原则 B. 谨慎性原则

C. 可比性原则 D. 配比性原则

14. 存货市价高于历史成本的情况下也计提一笔减值损失，从而达到隐瞒利润的目的，这属于对（ ）原则的滥用。

A. 谨慎性 B. 重要性

C. 实质重于形式 D. 客观性

15. 采用公允价值计价与采用历史成本计价相比，提高了会计信息的（ ）。

A. 相关性 B. 谨慎性 C. 可靠性 D. 可比性

16. （ ）是对会计对象进行的基本分类，是会计核算对象的具体化。

A. 会计要素 B. 会计科目 C. 会计账户 D. 会计对象

17. 下列关于会计要素的表述中，不正确的是（ ）。

A. 会计要素是对会计对象的基本分类

B. 会计要素是对会计核算对象的具体化

C. 资产、负债和所有者权益称为静态会计要素

D. 收入、成本和利润构成利润表的基本框架

18. 下列关于会计要素的表述中，正确的是（ ）。

A. 负债的特征之一是企业承担潜在义务

B. 资产的特征之一是预期能给企业带来经济利益

C. 利润是企业一定期间内收入减去费用后的净额

D. 收入是所有导致所有者权益增加的经济利益的总流入

19. 下列属于会计基本等式的扩展等式的是（ ）。

A. 资产＝权益

B. 资产＝债权人权益＋所有者权益

C. 资产＝负债＋所有者权益

D. 资产＝负债＋所有者权益＋（收入－费用）

20. 下列项目中，不属于资产要素的是（ ）。

A. 应收账款　　B. 预收账款

C. 预付账款　　D. 专利权

21. 下列事项中，能够引起资产总额增加的是（ ）。

A. 从银行提取现金　　B. 接受投资者投资

C. 以银行存款偿还债务　　D. 将资本公积转增资本

22. 资产、负债和所有者权益是（ ）。

A. 表示企业财务成果的会计要素

B. 表示企业财务状况的会计要素

C. 表示企业经营成果的会计要素

D. 表示企业经营状况的会计要素

23. 负债是指企业由于过去交易或事项形成的（ ）。

A. 现时义务　　B. 过去义务

C. 将来义务　　D. 永久义务

24. 下列项目中，不属于所有者权益的是（ ）。

A. 土地使用权　　B. 实收资本

C. 资本公积　　D. 盈余公积

25. 企业资金运动的动态会计要素是（ ）。

A. 资产　　B. 权益

C. 资产、负债及所有者权益　　D. 收入、费用和利润

26. 收入是指企业在销售商品、提供劳务及让渡资产使用权等日常活动中所形成的（ ）。

A. 经济利益的总流入　　B. 投资人享有的经济利益

C. 全部收入　　D. 经营成果

27. 由企业在日常活动中发生的、会导致所有者权益减少的、与向所有者分配利润无关的经济利益的总流出称为（ ）。

A. 损失　　B. 费用　　C. 负债　　D. 所有者权益

二、多项选择题

1. 会计的特点包括（　）。

A. 以货币为主要计量单位

B. 严格地以凭证为依据

C. 提供的数据资料具有连续性、系统性、全面性和综合性

D. 对经济活动的事中和事后监督

2. 关于会计核算的一般要求，下列说法中正确的有（　）。

A. 单位不得以虚假的经济业务事项或者资料进行会计核算

B. 单位对会计资料应当建立档案，妥善保管

C. 使用电子计算机进行会计核算的，不必遵守国家统一会计制度的规定

D. 单位不得私设会计账簿进行登记、核算

3. 下列关于会计分期的表述中，正确的有（　）。

A. 会计分期是对会计主体活动时间范围的界定

B. 会计期间分为年度、半年度、季度和月度

C. 会计年度、半年度、季度和月度均按公历起讫日期确定

D. 会计分期是指将一个会计主体持续经营的生产经营活动划分成若干相等的会计期间

4. 属于会计中期的会计期间有（　）。

A. 年度　　B. 半年度　　C. 季度　　D. 月度

5. 会计主体可以是（　）。

A. 独立法人　　B. 非法人企业

C. 单一企业　　D. 多个企业组成的企业集团

6. 会计假设包括（　）。

A. 会计主体　　B. 持续经营

C. 会计分期　　D. 货币计量

7. 下列可以作为一个会计主体进行会计核算的有（　）。

A. 母公司及其子公司组成的企业集团

B. 独资企业

C. 企业的生产车间

D. 企业的销售机构

8. 下列属于会计核算基本前提的是（　）。

A. 持续经营　　B. 会计分期

C. 会计主体　　D. 货币计量

9. 下列说法中正确的有（　）。

A. 会计核算过程中采用货币作为统一的计量单位

B. 我国企业进行会计核算只能以人民币作为记账本位币

C. 业务收支以外币为主的单位可以选择某种外币作为记账本位币

D. 在境外设立的中国企业向国内报送的财务报告，应当折算为人民币

10. 按照谨慎性原则，下述会计处理正确的有（　　）。

A. 估计入账可能取得的收益

B. 估计入账可能发生的损失

C. 估计入账可能发生的负债

D. 估计入账可能取得的资产

11. 下列属于会计确认的标准的有（　　）。

A. 相关性　　B. 可靠性　　C. 确定性　　D. 可计量性

12. 下列符合谨慎性原则的有（　　）。

A. 合理地加速计提固定资产折旧

B. 适当地隐瞒利润

C. 适当地计提资产减值准备

D. 发出存货采用加权平均法

13. 下列各项中，属于反映财务状况的会计要素的有（　　）。

A. 资产　　B. 负债　　C. 收入　　D. 费用

14. 能够引起资产与权益同时增加的经济业务有（　　）。

A. 投资者追加投入机器设备一台

B. 用银行存款支付应付账款

C. 接受其他企业捐赠的设备一台

D. 预收客户定金存入银行

15. 下列各项中，属于流动资产的有（　　）。

A. 应收账款　　B. 预付账款　　C. 无形资产　　D. 存货

16. 资产的基本特征包括（　　）。

A. 资产是由过去的交易或者事项所形成的

B. 资产是企业拥有或者控制的

C. 资产能够为企业带来未来的经济利益

D. 资产是企业将来要清偿的义务

17. 负债按其流动性不同，可分为（　　）。

A. 流动负债　　B. 非流动负债　　C. 或有负债　　D. 经营负债

18. 下列属于流动负债的有（　　）。

A. 应付票据　　B. 应付账款

C. 一年内到期的长期借款　　D. 应交税费

19. 所有者权益的来源包括（　　）。

A. 所有者投入的资本　　B. 直接计入所有者权益的利得

C. 直接计入所有者权益的损失　　D. 留存收益

三、判断题

1. 凡是特定主体能够以货币表现的经济活动，都是会计核算和监督的内容，也就是会计的对象。（　　）

2. 监督经济活动，控制经济过程，保护单位财产的完整是会计的主要任务之一。（　　）

3. 会计核算的是企业的经济活动而非投资者的经济活动。（　　）

4. 随着经济的发展和会计活动范围及内容的不断扩大，会计报告的内容也在不断改变。（　　）

5. 会计主体假设确立了会计核算的空间范围，持续经营假设与会计分期假设确立了会计核算的时间长度，而货币计量假设则为会计核算提供了必要手段。（　　）

6. 根据我国的会计年度，“中期”会计期间特指自公历每年1月1日至6月30日。（　　）

7. 法人可以作为会计主体，但会计主体不一定是法人。（　　）

8. 会计主体所核算的生产经营活动也包括其他企业或投资者个人的其他生产经营活动。（　　）

9. 在持续经营的情况下，分期核算的会计期间是人为划分的。（　　）

10. 在我国，企业的会计核算只能以人民币作为记账本位币。（　　）

11. 某外商投资企业的业务收支以美元为主，该企业可以以美元作为记账本位币，但其编报的财务会计报告应当折算为人民币。（　　）

12. 财务会计报告使用者包括投资者、债权人、政府及有关部门和社会公众等。（　　）

13. 财务报表的首要信息使用者是债权人。（　　）

14. 企业财务报表各项目的数据在同一企业不同时期应当口径一致，在不同的企业之间则不一定要相互可比。（　　）

15. 根据可比性原则要求，企业应当按照规定的会计处理方法进行会计处理，前后各期应当保持一致，不得随意变更。（　　）

16. 对于交易金额较小的，收入、费用和资产总额中所占比重较小的，规模效益小的，不会导致投资者等有关各方决策失误或误解的交易或事项，可以合并、粗略反映。（　　）

17. 某会计事项是否具有重要性，很大程度上取决于会计人员的职业判断以及各单位的实际情况。所以对于同一会计事项，可能在某个企业不具有重要性，

但在另一个企业则具有重要性。（　　）

18. 会计要素是为实现会计目标在会计假设的基础上对会计对象进行的基本分类，是会计核算对象的具体化，是用于反映会计主体财务状况，确定经营成本的基本分类。（　　）

19. 财务成果的具体表现是利润或亏损。（　　）

20. 资产按实物形态可分为流动资产和非流动资产。（　　）

21. 企业拥有或控制的，也不一定能作为企业的资产。（　　）

22. 负债是企业的现时义务，履行该义务预期会导致经济利益流出企业。（　　）

23. 企业承担的现时义务，如果预期不会导致经济利益流出企业，则不应确认为负债。（　　）

24. 权益是所有者权益的简称。（　　）

25. 所有者权益表明企业的产权关系，即企业归谁所有。（　　）

26. 经济业务的发生可能会对会计等式的平衡产生影响。（　　）

□ 参考答案

一、单项选择题

1. C	2. C	3. C	4. C	5. C
6. A	7. C	8. A	9. A	10. B
11. C	12. C	13. D	14. A	15. A
16. A	17. D	18. B	19. D	20. B
21. B	22. B	23. A	24. A	25. D
26. A	27. B			

二、多项选择题

1. ABC	2. ABD	3. ABCD	4. BCD	5. ABCD
6. ABCD	7. ABCD	8. ABCD	9. ACD	10. BC
11. ABD	12. AC	13. AB	14. AC	15. ABD
16. ABC	17. AB	18. ABCD	19. ABCD	

三、判断题

1. √	2. √	3. √	4. √	5. √
6. ×	7. √	8. ×	9. √	10. ×
11. √	12. √	13. ×	14. ×	15. √
16. √	17. √	18. √	19. √	20. ×
21. √	22. √	23. √	24. ×	25. √
26. ×				

教材习题解答

思考题

1. 会计的发展与经济环境的关系如何？能否结合我国当前经济发展的阶段性特点讨论我国会计体系建设的目标？

影响会计学科发展的环境因素很多，诸如经济、政治、法律、社会文化、教育等，而经济环境始终是影响会计的一个最复杂、最重要的决定性因素。

在生产力极其低下的原始社会，物质极度缺乏，私有制尚未萌芽，客观上不需要对经济活动的进程和成果进行核算，因此也就不存在会计。由世界会计学科和实务发展的历史可见，会计产生于记录、核算、报告生产实践和经济活动的客观需求，并且将随着这种需求的变化而不断成熟和完善。

新会计准则的指导思想是与国际财务报告准则“趋同”，最大限度缩小中外会计标准的差异，获得了国际会计准则委员会的认可。相比旧会计准则，新会计准则建立起了更为完善的会计要素确认、计量和报告标准，在会计计量、企业合并、金融工具会计等方面实现了质的飞跃和突破，对促进我国资本市场发展、优化资源配置、提高对外开放水平和加速中国融入全球经济都具有重要意义。

2. 在企业为外部各信息使用者提供的信息与为内部管理层提供的信息之间，最主要的区别是什么？

企业为外部信息使用者提供信息是为了外部人士了解企业经营状况和财务成果。这些信息必须符合会计法规的要求，保证会计信息的质量。企业为内部信息使用者提供的信息是为了满足企业内部管理的需要，在形式上更为灵活，并不受会计法规的约束。

3. 投资者最为关注的信息是什么？债权人最为关注的信息是什么？

投资者最关注投资对象获取利润的潜力和持续性，债权人最关注的是贷款本息的安全性。

4. 财务会计与管理会计的主要区别有哪些？

(1) 会计主体不同。管理会计主要以企业内部各层次的责任单位为主体，更为突出以人为中心的行为管理，同时兼顾企业主体；而财务会计往往只以整个企业为工作主体。管理会计责任主体更具体。

(2) 基本职能不同。管理会计作为企业会计的内部管理系统，其工作侧重点主要为企业内部管理服务。注重管理过程、结果对企业内部各方面人员在心理和行为方面的影响，主要履行预测、决策、规划、控制和考核的职能，属于“经营型会计”。财务会计工作的侧重点在于为企业外界利害关系集团提供会计信息服务，方法和程序是固定的，采用统一的财务会计制度和准则，属于“报告型会计”。

（3）信息特征不同。管理会计信息跨越过去、现在和未来三个时态；而财务会计信息则大多为过去时态。

5. 审计报告在财务会计报告中起什么作用？

审计报告是由注册会计师根据中国注册会计师审计准则的规定，在实施审计工作的基础上对被审计单位财务报表发表审计意见的书面文件。注册会计师签发的审计报告，是以独立的第三方身份，对被审计单位财务报表合法性、公允性发表意见。这种意见，具有鉴证作用。股份制企业的股东主要依据注册会计师的审计报告来判断被投资企业的财务报表是否公允地反映了财务状况和经营成果，以进行投资决策等。

6. 目前上市公司年报中主要包括哪些财务报表？

利润表、资产负债表、现金流量表、所有者权益变动表。

7. 请简述四个基本会计假设的含义。

（1）会计主体假设：会计主体是指从事经济活动并需要对其进行会计处理和定期报告的特定单位。会计主体假设规定了财务会计应处理的交易、事项的空间范围，从而规定了财务会计报告的内容与边界。会计上假设企业法人是一个独立的实体。会计关注的中心是企业而不是业主、合伙人。会计主体假设产生的原因在于恰当地维护业主投入到企业的资本的需要。

（2）持续经营假设：即假定每一个企业在可以预见的未来不会面临破产和清算，因而它所拥有的资产将在正常的经营过程中被耗用或出售，它所承担的债务，也将在同样的过程中被偿还。若企业不能持续经营，就需要放弃这一假设，在清算假设下形成破产或重组的会计程序。持续经营假设向会计信息使用者揭示财务会计信息产生的前提，以便其更好地理解和使用这些信息。如果企业出现了不能持续经营的状况，如企业进入了破产清算程序，会计便由持续经营会计转向清算会计。

（3）会计分期假设：这一假设规定了会计对象的时间界限，将企业连续不断的经营活动分割为若干较短时期，以便提供会计信息，是正确计算收入、费用和损益的前提。

（4）货币计量假设：这一假设规定了会计的计量手段，指出企业的生产经营活动及其成果可以通过货币反映。它暗含了两层意思，即币种的唯一性和币值的不变性。

8. 请简述会计信息质量要求的名称及其含义。

（1）可靠性：企业的财务会计人员做账时应该根据实际发生的经济业务进行，保持可靠和真实。

（2）相关性：企业提供的会计信息应当与投资者、债权人等财务报告使用者的经济决策需要相关，有助于信息使用者对企业过去、现在或者未来的情况做出评价或者预测。

（3）可理解性：企业提供的会计信息应当清晰明了，便于财务报告使用者理解和使用。信息的可理解性也是相关性的前提条件。

（4）可比性：会计信息纵向可比和横向可比。

（5）实质重于形式：企业应当按照交易或事项的经济实质进行会计核算，而不应当仅仅按照它们的法律形式作为会计核算的依据。

（6）重要性：企业提供的会计信息应当反映与企业财务状况、经营成果和现金流量等有关的所有重要交易或者事项。

（7）谨慎性：企业对交易或者事项进行会计确认、计量和报告应当保持应有的谨慎，不应高估资产或者收益、低估负债或者费用。

（8）及时性：企业对于已经发生的交易或者事项，应当及时进行会计确认、计量和报告，不得提前或者延后。

9. 为什么资产等于负债与所有者权益之和？

资产负债表的左、右两方分别代表了同一事物的两个侧面。左方的资产反映了企业的资金是以什么形式占用着的；右方的负债和所有者权益则反映了这些资金是从什么渠道取得的，向债权人借入的表现为负债，向投资人筹措的表现为所有者权益。因此，资产负债表的左方合计一定等于右方合计。

10. 资产和费用的区别是什么？

资产是指企业过去的交易或者事项形成的、由企业拥有或者控制的、预期会给企业带来经济利益的资源。费用是指企业在日常活动中发生的、会导致所有者权益减少的、与向所有者分配利润无关的经济利益的总流出。

11. 资产负债表、利润表和现金流量表之间的联系体现在哪些方面？

（1）资产负债表与利润表之间存在勾稽关系。资产负债表中的所有者权益部分可分为两大类：企业业主投入的资本（实收资本）和企业的累计盈余（未分配利润）。未分配利润的具体含义是：企业经营历年以来累积获得的利润留存在企业中的部分。而年度利润表中的净利润即为其中某一年的利润数。利润表中的“净利润”数额在年末结账时，将转入资产负债表中的“未分配利润”项。

（2）资产负债表与现金流量表之间存在勾稽关系。前一期资产负债表的货币资金数是现金流量表的起点，即期初现金及现金等价物余额；后一期资产负债表的货币资金数是现金流量表的终点，即期末现金及现金等价物余额；而经营活动、投资活动和筹资活动的现金流之和，即当期现金及现金等价物的增减额，相当于前后两期资产负债表货币资金数之差。

（3）利润表与现金流量表之间存在勾稽关系。利润表的净利润是按照权责发生制基础计量的，而现金流量表的当期现金及现金等价物增减额是按照收付实现制基础计量的。在现金流量表的编制方法中，其中一种方法是间接法，该方法即是通过一定技术手段将利润数调整为现金流量数。

12. 我国会计准则体系的主要构成内容有哪些？

我国的会计法规体系主要由会计法、会计准则和会计制度三个层次构成。

（1）会计法由全国人民代表大会常务委员会制定和通过，是会计法规制度中层次最高的法律规范，是制定其他会计法规的依据，也是指导会计工作的最高准则。

（2）会计准则和会计制度均是在会计法的规则框架下，由财政部制定和颁布的，用于规范企业的会计核算和会计报告。

（3）自新中国成立直至会计准则体系建立之前，我国一直以会计制度体系作为会计工作的具体规范。会计制度是对经济业务进行分类、记录、汇总，并进行分析和报告的制度，是进行会计工作所应遵循的规则、方法、程序的总称。

13. 请你收集资料，结合公司上市过程中或上市后存在的财务造假问题，谈谈会计从业人员遵循职业道德的重要意义。

在现实社会中，无论从事何种行业，都应具备良好的职业道德。会计人员的主要工作是生成和提供会计信息，信息的质量影响了决策的正确性和利益分配的格局。为了确保企业提供高质量的会计信息，不仅需要制度的规范，更需要会计人员诚信的品质。诚信是会计人员对社会的一种基本承诺，是会计人员的立身之本。诚信要求会计人员要忠诚于自己所承担的会计事业，热诚勤勉地做好会计工作，客观公正、不偏不倚地反映经济事实，并忠实地为会计信息使用者服务。

第 2 章 Chapter 2 会计循环

学习目标

通过本章的学习，应掌握会计循环中的主要环节、步骤和各种会计记录，理解并熟练使用借贷记账法，理解会计报表之间的勾稽关系、会计科目和账户。

学习指导

一、学习重点

本章学习的重点是掌握会计循环的概念、含义和主要步骤，会计循环中用到的主要会计记录以及借贷记账法。理解日常业务处理和跨期业务的处理，编制调整分录的原理，会计报表之间的勾稽关系。了解会计确认、计量、记录和报告的全过程，独立完成会计循环。

二、学习难点

本章的内容整体难度较高。同学们需要在一章之内熟悉整个会计循环流程、各种会计记录形式和内容、专业性很强的借贷记账法、跨期业务的收入或成本费用分摊，以及报表登记和报表间关系。这就需要课后进行大量的练习，以及在后面章节的学习过程中，不断地反思和强化。

会计循环的过程就是会计确认、计量、记录和报告的全过程。各个会计要素的概念和会计假设、原则是会计确认和计量的理论依据，会计记账凭证、会计账簿以及会计报表是会计记录和报告的载体。会计循环的最终目标和产品是会计报表。在这一过程中，借贷记账法的作用是将经济业务转化为会计语言，使经济业务的影响能够以会计记录的形式进入会计系统，最终形成会计报表。

会计凭证和会计账簿是为记录经济业务，从而形成报表，同时方便企业管理而设计的。因此，它们的种类和内容可以结合其使用价值来掌握。比如，可以结合报表的内容对照会计账簿和会计科目的设置理解分类账的意义；结合管理的需要理解明细账的意义；结合会计账簿和登记理解会计分录的形式。

借贷记账法具有较高的专业难度。其基本规则为有借必有贷，借贷必相等。借贷不要按照字面意思去理解，这只是一种与账户性质相对应的记账方向。借贷记账法只有依靠大量练习才能熟练掌握。在以后章节会计处理的学习过程中，同学们对借贷记账法的掌握程度也会不断提高。

跨期业务处理和调整分录的编制是一体的。通过调整分录，跨越单一会计期间的经济业务需要将其全部的收入和成本费用分摊入不同的会计期间，这也是会计分期假设的必然结果。固定资产折旧是理解这一知识点的非常典型的例子。

资产负债表与利润表之间的勾稽关系可以与结账流程相联系。在结账过程中，利润表中的收入和成本费用科目余额转入本年利润，本年利润再转入资产负债表中的未分配利润，直接体现了两个报表之间的对应关系。

练习题

一、单项选择题

1. （ ）是会计工作的起点和关键。

A. 填制和审核会计凭证　　B. 编制会计分录
C. 登记会计账簿　　D. 编制会计报表

2. 对所属的明细分类科目起着统驭作用的会计科目是（ ）。

A. 三级科目　B. 一级科目　C. 二级科目　D. 明细科目

3. 下列表述中正确的是（ ）。

A. “制造费用”是费用类科目
B. “利润分配”不必设明细科目
C. “应收账款”下按照欠款客户设置明细账
D. “累计折旧”不属于资产类科目

4. 会计科目按其所提供信息的详细程度及其统驭关系不同，又分为（ ）和明细分类科目。

A. 二级明细科目　　B. 总分类科目
C. 三级明细科目　　D. 特殊明细科目

5. 下列属于明细分类科目的是（ ）。

A. “营业费用”　B. “其他应收款”　C. “盈余公积”　D. “差旅费”

6. 设置会计科目既要适应交易或事项发展的需要，又要保持（ ）。

A. 永久性　B. 独立性　C. 相对稳定性　D. 固定性

7. 下列说法中不正确的是（ ）。

A. 会计科目的名称也就是账户的名称

B. 账户是分类核算经济业务的工具

C. 会计科目和账户所反映的经济内容是相同的

D. 会计科目不仅表明了本身的核算内容，也决定了其自身的结构

8. 下列各项中，属于负债类会计科目的是（ ）。

A. “预付账款” B. “预收账款”

C. “累计折旧” D. “管理费用”

9. 账户是根据（ ）分别设置的。

A. 经济业务 B. 会计对象 C. 会计要素 D. 会计科目

10. 下列错误中，会影响本期发生额借贷平衡关系的是（ ）。

A. 漏记或重记某一项经济业务 B. 颠倒记账方向

C. 金额无误但所用科目有误 D. 借方金额数字错位

11. 具有双重性质的结算账户，到底是属于资产类还是负债类，可根据（ ）的方向来判断。

A. 平均发生额 B. 借方发生额

C. 贷方发生额 D. 期末余额

12. “营业外收入”账户属于（ ）。

A. 收入类账户 B. 所有者权益类账户

C. 资产类账户 D. 负债类账户

13. 采购员王珂为报销差旅费填制的差旅费报销单属于（ ）。

A. 原始凭证 B. 记账凭单 C. 收款凭证 D. 付款凭证

14. 原始凭证有错误的，正确的处理方法是（ ）。

A. 本单位代为更正 B. 退回，不予接受

C. 由出具单位重开或更正 D. 向单位负责人报告

15. 银行存款日记账是由出纳员根据审核后的有关银行存款收、付款凭证，逐日逐笔顺序登记，每日结出账面余额，便于定期同银行送来的（ ）逐笔核对。

A. 银行存款余额表 B. 对账单

C. 银行存款余额调节表 D. 其他资料

16. 下列关于账户及其基本结构的表述中，不正确的是（ ）。

A. 账户是根据会计科目设置的，具有一定格式和结构

B. 设置账户是会计核算的重要方法之一

C. 每一账户的核算内容具有独立性和排他性

D. 实际工作中，对会计科目和账户应严格区分，不能相互通用

17. 下列总分类账与明细分类账关系的表述中，错误的是（　　）。
A. 总分类账与明细分类账所反映的经济业务是相同的
B. 总分类账与明细分类账所反映的经济业务的详细程度是相同的
C. 登记总分类账与登记明细分类账的原始依据是相同的
D. 总分类账对所属明细分类账起着统驭控制作用，明细分类账对有关总分类账起着补充说明作用
18. 备抵账户余额与被调整账户余额的方向（　　）。
A. 相同　　B. 相反
C. 无联系　　D. 可能相同也可能相反
19. 下列公式中，正确地表述了账户的金额要素之间基本关系的是（　　）。
A. 期末余额＝期初余额＋本期增加发生额－本期减少发生额
B. 期末余额＝本期增加发生额－本期减少发生额
C. 期初余额＝期末余额－本期减少发生额＋本期增加发生额
D. 期末余额＝本期增加发生额
20. 账户的基本结构应包括（　　）。
A. 会计科目、日期、金额、附件
B. 会计科目、凭证编号、日期、摘要、增减金额、余额
C. 借方、贷方、余额
D. 会计科目、借方、贷方、金额
21. 下列不符合借贷记账法的记账规则的是（　　）。
A. 资产、所有者权益同时减少　　B. 两项资产同时增加
C. 资产负债同时增加　　D. 资产负债同时减少
22. 下列不属于借贷记账法的优点的是（　　）。
A. 操作简单易行　　B. 账户对应关系清楚
C. 试算平衡简便　　D. 设置账户比较灵活
23. 借贷记账法的理论依据是（　　）。
A. 借贷平衡　　B. 有借必有贷
C. 复式记账法　　D. 资产＝负债＋所有者权益
24. 下列关于会计分录的表述中，不正确的是（　　）。
A. 应借应贷方向、账户（科目）名称和金额构成了会计分录的三要素
B. 会计分录按涉及账户多少，可以分为简单会计分录和复合会计分录
C. 复合会计分录是指涉及两个（不含两个）以上对应账户所组成的会计分录
D. 会计实际工作中，最常用的会计分录为一借一贷、多借多贷分录
25. 复式记账法是对每一笔经济业务事项都要在（　　）相互联系的账户中

进行登记，系统地反映资金运动变化结果的一种记账方法。

A. 一个　　B. 两个

C. 三个　　D. 两个或两个以上

26. 借贷记账法下的发生额平衡是由（　　）决定的。

A. “有借必贷，借贷必相等”的记账规则

B. 账户的结构

C. “资产＝权益”的会计等式

D. 平行登记要点

27. 借贷记账法是以“借”“贷”作为（　　）的一种复式记账方法。

A. 账户结构　　B. 账户对应关系

C. 记账规则　　D. 记账符号

28. 应在账户借方核算的是（　　）。

A. 负债的增加额　　B. 所有者权益的增加额

C. 收入的增加额　　D. 资产的增加额

29. 下列错误中，能通过试算平衡查找的是（　　）。

A. 某项经济业务未入账

B. 某项经济业务重复记账

C. 应借应贷账户中借贷方向颠倒

D. 应借应贷账户中借贷金额不等

30. 以下不属于会计凭证类的会计档案是（　　）。

A. 购货发票　　B. 汇总记账凭证

C. 发货单　　D. 银行对账单

31. 会计凭证按来源和用途不同分为（　　）。

A. 专用凭证和通用凭证

B. 一次性凭证和累计凭证

C. 原始凭证和记账凭证

D. 外来原始凭证和自制原始凭证

32. 下列各项中，出纳人员根据会计凭证登记现金日记账正确的做法是（　　）。

A. 将现金付款凭证汇总后再登记

B. 根据库存现金收付业务凭证逐笔、序时登记

C. 根据现金收付款凭证金额相抵的差额登记

D. 将现金收款凭证汇总后再登记

二、多项选择题

1. 可以作为编制会计报表直接依据的有（　　）。

A. 原始凭证　B. 记账凭证　C. 明细分类账　D. 总分类账

2. 以下会计科目中，属于成本费用类的有（　　）。

A. “其他业务成本”　　B. “累计折旧”

C. “材料采购”　　D. “税金及附加”

3. 下列属于明细分类科目的有（　　）。

A. “原料及辅助材料”　　B. “短期借款”

C. “长期股权投资”　　D. “应交增值税”

4. 会计科目的设置原则包括（　　）。

A. 合法性原则　　B. 及时性原则

C. 相关性原则　　D. 实用性原则

5. 下列有关会计科目与账户的说法中，正确的有（　　）。

A. 会计科目和账户所反映的会计对象的具体内容是相同的

B. 会计科目是账户的名称，也是设置账户的依据

C. 账户具有一定的格式和结构，而会计科目没有

D. 会计科目和账户的作用是完全相同的

6. 下列各类账户中，在借贷记账法下，借方登记增加额的有（　　）。

A. “应收账款”　　B. “短期借款”

C. “生产成本”　　D. “财务费用”

7. 下列关于会计科目的说法中，正确的有（　　）。

A. 会计科目是对会计要素的进一步分类

B. 会计科目按其所提供信息的详细程度及其统驭关系不同，分为总分类科目和明细分类科目

C. 会计科目可以根据企业的具体情况自行设定

D. 会计科目是设置账户的依据

8. 关于借贷记账法下的账户结构，下列说法中正确的有（　　）。

A. 资产类账户的借方表示增加，贷方表示减少

B. 权益类账户的贷方表示增加，借方表示减少

C. 资产类账户的期初期末余额一般在借方

D. 权益类账户的期初期末余额一般在贷方

9. 可能与“本年利润”账户借方发生对应关系的账户有（　　）。

A. “销售费用”　　B. “制造费用”

C. “管理费用”　　D. “财务费用”

10. 下列账户中，属于调整类账户的有（　　）。

A. “累计折旧”　　B. “本年利润”

C. “原材料”　　D. “坏账准备”

11. 下列有关收入类账户的表述中，正确的有（　　）。
A. 本期的增加发生额记入账户的借方
B. 本期的增加发生额记入账户的贷方
C. 期末结账后无余额
D. 期末结账后余额为零
12. 下列说法中正确的有（　　）。
A. 本期的期末余额即为下期的期初余额
B. 如果账户在左方记录增加额，则在右方记录减少额
C. 账户的余额一般与记录增加额在同一方向
D. 会计科目仅仅是对会计要素进行具体分类的项目名称
13. 下列属于借贷记账法试算平衡的内容的有（　　）。
A. 全部资产借方余额之和与全部资产贷方余额平衡
B. 所有账户借方本期发生额合计＝所有账户贷方本期发生额合计
C. 所有账户借方期末余额合计＝所有账户贷方期末余额合计
D. 所有账户借方期初余额合计＝所有账户贷方期初余额合计
14. 不会引起借贷不平衡的错误有（　　）。
A. 遗漏一张记账凭证未登记入账
B. 记录赊购业务的记账凭证中，仅将应付账款登记入账
C. 存货被高估 3 000 元，管理费用同时被低估 3 000 元
D. 从银行提取现金的记账凭证被重复登记两次
15. 以下符合借贷记账法记账规则的有（　　）。
A. 一项资产增加，一项所有者权益减少
B. 一项负债增加，另一项负债减少
C. 一项所有者权益增加，一项负债减少
D. 一项负债增加，一项资产减少
16. 下列关于借贷记账法的试算平衡的表述中，正确的有（　　）。
A. 试算平衡包括发生额试算平衡法和余额试算平衡法两种
B. 编制试算平衡表时，必须保证所有账户的余额或发生额均列入试算平衡表内
C. 试算平衡表借贷不相等，肯定账户记录有错误
D. 试算平衡表是平衡的，并不能肯定账户记录绝对正确
17. 在借贷记账法下，下列账户结构叙述正确的有（　　）。
A. 负债类账户的借方登记债务的减少，贷方登记债务的增加
B. 所有者权益类账户的借方登记所有者权益的增加，贷方登记所有者权益的减少

C. 资产类账户的借方登记资产数额的增加，贷方登记资产数额的减少

D. 收入类账户的借方登记收入的减少，贷方登记收入的增加

18. 复式记账的基本原则包括（　　）。

A. 以会计等式作为记账基础

B. 对每项经济业务，必须在两个或两个以上相互联系的账户中进行等额记录

C. 必须按经济业务对会计等式的影响类型进行记录

D. 定期汇总的全部账户记录必须平衡

19. 取得、填制和审核会计凭证的意义包括（　　）。

A. 记录交易或事项，提供记账、算账的原始依据

B. 发挥会计监督作用，保证会计资料的真实性

C. 增加企业盈利，提高企业竞争能力

D. 明确经济责任，加强岗位责任制

20. 下列有关会计人员对原始凭证审核后的处理中，正确的有（　　）。

A. 对于审核符合要求的原始凭证，应及时据以编制记账凭证登记入账

B. 对于真实、合法、合理的原始凭证，但内容不够完整或填写不准确的，应拒绝接受，并向单位领导报告

C. 对于不真实、不合法的原始凭证，应拒绝接受，并向单位负责人报告

D. 对于真实、合法、合理的原始凭证，但内容不够完整或填写不准确的，应退回补充和更正

21. 以下属于记账凭证应具有的共同的基本内容的有（　　）。

A. 填制凭证的日期和凭证的编号

B. 会计科目的名称、记账方向和金额

C. 所附原始凭证的张数

D. 制证、复核、会计主管等有关人员的签章

三、判断题

1. 一般将填制会计凭证、登记会计账簿和编制会计报表三个会计核算工作程序称为会计循环。（　　）

2. 正确填制和审核会计凭证，是会计核算的基本方法之一，也是会计核算工作的起点和基本环节。（　　）

3. 通过利润表可以帮助报表使用者全面了解企业的财务状况，分析企业的债务偿还能力，从而为未来的经济决策提供参考信息。（　　）

4. 会计分录是指对发生的交易或事项指明其应记入的账户、方向和金额的记录。（　　）

5. 企业不必将所有会计科目都一一对应地设置账户，要设置哪些账户，要

根据企业具体业务情况，以满足管理的需要为标准来设置。（　）

6. 会计科目必须根据国家统一的会计制度的规定设置和使用，企业不允许自行增设、减少或合并会计科目。（　）

7. 明细分类科目是对总分类科目做进一步分类，提供更详细、更具体的会计信息的科目。（　）

8. 账户名称是构成会计分录必不可少的要素之一。（　）

9. 总分类账户与所属明细分类账户的期末余额方向必定相同。（　）

10. 设置账户是会计的一种专门方法。账户的开设应与会计科目的设置相适应。（　）

11. 账户按会计要素分类，可以分为资产类账户、负债类账户、所有者权益类账户、收入类账户、费用类账户、利润类账户。（　）

12. 账户是根据会计科目开设的，会计科目的名称就是账户的名称。所以在某种意义上，设置会计科目与设置账户是同一过程。（　）

13. 当“应付账款”账户的余额在贷方时，为债务结算账户，余额在借方时，为债权结算账户。（　）

14. 按照用途和结构分类，“累计折旧”账户属于调整账户，但是如果按照账户所反映的经济内容分类，“累计折旧”账户和“固定资产”账户一样属于资产类账户。（　）

15. 借贷记账法是建立在“资产＝负债＋所有者权益”会计等式的基础上的。（　）

16. 复式记账法是以资产与权益平衡关系作为记账基础，对于每一笔经济业务，均要在两个或两个以上相互联系的账户中进行登记，系统地反映资金运动变化结果的一种记账方法。（　）

17. 会计凭证是记录经济业务事项发生和完成情况，明确经济责任，据以登记账簿的具有法律效力的书面证明文件。（　）

□ 参考答案

一、单项选择题

1. A	2. B	3. C	4. B	5. D
6. C	7. D	8. B	9. D	10. D
11. D	12. A	13. A	14. C	15. B
16. D	17. B	18. B	19. A	20. C
21. B	22. A	23. D	24. D	25. D
26. A	27. D	28. D	29. D	30. D
31. C	32. B			

二、多项选择题

1. CD	2. AD	3. AD	4. ACD	5. ABC
6. ACD	7. ABD	8. ABCD	9. ACD	10. AD
11. BCD	12. ABCD	13. BCD	14. ACD	15. BC
16. ABCD	17. ACD	18. ABCD	19. ABD	20. ACD
21. ABCD				

三、判断题

1. √	2. √	3. ×	4. √	5. √
6. ×	7. √	8. √	9. ×	10. √
11. √	12. √	13. √	14. √	15. √
16. √	17. √			

教材习题解答

一、思考题

1. 会计科目和会计账户之间有什么关系？

会计科目是对各种经济数据进行分析的工具。会计报表是会计科目分类的基础。会计账户是以会计科目为名称的会计记录形式。

2. 经济业务和事项是如何通过一系列会计流程记入报表之中的？

会计人员首先对经济业务和事项进行分析，依据各项会计规则，编制会计分录，并记录于会计凭证。会计凭证的信息将被转至会计账簿，会计期末结出余额，经试算平衡后登记至会计报表。

3. 试算平衡在会计循环中起到什么作用？

试算平衡的目的即为预先验证会计记录的准确性。试算平衡表中登记所有总账科目的借方余额和贷方余额，并分别求和。如果发现借方余额之和与贷方余额之和不一致，则可以肯定账务处理过程中存在差错。

4. 设立明细账的目的是什么？

设立明细账的目的在于提供更为详细的会计信息。例如，应收账款总账仅提供企业应收账款的总额，而按照欠款对象设立的明细账可以提供每一笔应收账款的欠款人、欠款金额、欠款时间等详细信息。

5. 会计凭证有哪些种类？

会计凭证可分为原始凭证和记账凭证两种。原始凭证可以是外部取得的，也可以是企业内部自行填写的。记账凭证分为收款凭证、付款凭证和转账凭证三种。

6. "调整分录中不涉及现金收付"，这种说法正确吗？为什么？

这一说法是正确的。因为不论是递延项还是应计项，都是会计期末的调整事项，均不涉及现金收付。

二、填表题

业务编号	资产	负债	所有者权益	收入	费用	利润
1	＋		＋	＋		＋
2	＋	＋				
3	－		－		＋	－
4	－	－				
5						
6	－		－		＋	－
7						
8	＋	＋				
9						
10						

三、练习题

1. 编制会计分录（会计分录中金额单位为万元）。

A 公司将 10 万元销售款存入银行。

借：银行存款　10

　贷：主营业务收入　10

B 公司从银行提取 2 万元现金备用。

借：库存现金　2

　贷：银行存款　2

C 公司用支票支付进货款 25 万元，同日收到商品并入库。

借：库存商品　25

　贷：银行存款　25

D 公司从银行取得短期贷款 150 万元。

借：银行存款　150

　贷：短期借款　150

E 公司购进存货价值 320 万元，货款下月支付。

借：库存商品　320

　贷：应付账款　320

2.（1）编制会计分录（会计分录中金额单位为万元）。

1）借：银行存款　1 000

　贷：实收资本　1 000

2）借：固定资产——房屋建筑物　1 300

　　　　　　——机器设备　200

　贷：银行存款　700

　　应付账款　800

3）借：库存商品　200

　　贷：银行存款　200

4）借：银行存款　900

　　贷：长期借款　900

5）借：银行存款　250

　　贷：主营业务收入　250

6）借：管理费用　0.50

　　贷：银行存款　0.50

7）借：应付账款　800

　　贷：银行存款　800

8）借：主营业务成本　150

　　贷：库存商品　150

9）借：管理费用　3

　　　销售费用　7

　　贷：应付职工薪酬　10

10）借：财务费用　2.25

　　贷：应付利息　2.25

11）借：管理费用　3

　　贷：累计折旧　3

（2）汇总至T型账户如下：

银行存款

9/1	1 000	9/3	700
9/15	900	9/25	200
9/30	250	9/30	0.5
		9/30	800
期末余额	449.5		

实收资本

		9/1	1 000
		期末余额	1 000

管理费用

9/30	0.5		
9/30	3		
9/30	3		
期末余额	6.5		

原材料

9/25	200	9/30	150
期末余额	50		

应付账款

9/30	800	9/3	800
		期末余额	0

主营业务收入

		9/30	250
		期末余额	250

销售费用

9/30 7	
期末余额 7	

主营业务成本

9/30 150	
期末余额 150	

固定资产

9/3 1 500	
期末余额 1 500	

累计折旧

	9/30 3
	期末余额 3

长期借款

	9/15 900
	期末余额 900

应付职工薪酬

	9/30 10
	期末余额 10

应付利息

	9/30 2.25
	期末余额 2.25

财务费用

9/30 2.25	
期末余额 2.25	

编制康华贸易公司 9 月份的试算平衡表。

试算平衡表

9 月 30 日 单位：万元

科目	借方金额	贷方金额
银行存款	449.5	
原材料	50	
固定资产	1 500	
累计折旧		3
应付账款		0
应付职工薪酬		10
长期借款		900
应付利息		2.25
实收资本		1 000
主营业务收入		250
主营业务成本	150	
管理费用	6.5	
销售费用	7	
财务费用	2.25	
合计	2 165.25	2 165.25

（3）编制康华贸易公司 9 月份的利润表和资产负债表。

利润表

编制单位：康华贸易公司 9 月 单位：万元

项目	金额
营业收入	250
减：营业成本	150

续表

项目	金额
毛利	100
减：管理费用	6.5
财务费用	2.25
销售费用	7
利润	84.25

资产负债表

编制单位：康华贸易公司　　9月30日　　单位：万元

资产	金额	负债和所有者权益	金额
货币资金	449.5	长期借款	900
存货	50	应付账款	0
固定资产	1 497	应付职工薪酬	10
		应付利息	2.25
		负债合计	912.25
		实收资本	1 000
		留存收益	84.25
		所有者权益合计	1 084.25
资产总计	1 996.5	负债和所有者权益总计	1 996.5

3.（1）编制会计分录。

1）借：银行存款　500 000
　　贷：实收资本　500 000

2）借：库存现金　10 000
　　贷：银行存款　10 000

3）借：预付账款　30 000
　　贷：银行存款　30 000

4）借：固定资产　100 000
　　贷：银行存款　80 000
　　　　应付账款　20 000

5）借：管理费用　800
　　贷：库存现金　800

6）借：库存商品　300 000
　　贷：银行存款　200 000
　　　　应付账款　100 000

7）借：其他应收款　2 500

贷：库存现金　2 500

8）借：银行存款　150 000

贷：主营业务收入　150 000

借：主营业务成本　120 000

贷：库存商品　120 000

9）借：管理费用　2 200

库存现金　300

贷：其他应收款　2 500

10）借：应付账款　20 000

贷：银行存款　20 000

11）借：管理费用　2 500

贷：应付职工薪酬　2 500

12）借：管理费用　5 000

贷：预付账款　5 000

13）借：银行存款　200 000

贷：短期借款　200 000

14）借：固定资产　40 000

贷：银行存款　40 000

15）借：库存商品　150 000

贷：应付账款　150 000

16）借：库存现金　8 000

贷：银行存款　8 000

17）借：应付职工薪酬　2 500

管理费用　2 500

贷：库存现金　5 000

18）借：银行存款　180 000

贷：主营业务收入　180 000

借：主营业务成本　144 000

贷：库存商品　144 000

19）借：库存现金　1 600

贷：主营业务收入　1 600

20）借：应付账款　150 000

贷：银行存款　150 000

21）借：应付账款　100 000

贷：银行存款　100 000

22）借：管理费用　　2 500
　　贷：应付职工薪酬　　2 500
23）借：管理费用　　2 000
　　贷：累计折旧　　2 000
24）借：管理费用　　10 000
　　贷：预付账款　　10 000
25）借：财务费用　　1 000
　　贷：应付利息（200 000×6%/12）　　1 000

（2）登记总分类账账户。

库存现金

11/12	10 000	11/17	800
11/29	300	11/25	2 500
12/14	8 000	12/15	5 000
12/18	1 600		
期末余额	11 600		

银行存款

11/7	500 000	11/12	10 000
11/28	150 000	11/14	30 000
12/1	200 000	11/16	80 000
12/16	180 000	11/20	200 000
		11/30	20 000
		12/5	40 000
		12/14	8 000
		12/25	150 000
		12/31	100 000
期末余额	392 000		

其他应收款

11/25	2 500	11/29	2 500
期末余额	0		

库存商品

11/20	300 000	11/28	120 000
12/6	150 000	12/16	144 000
期末余额	186 000		

预付账款

11/14	30 000	11/30	5 000
		12/31	10 000
期末余额	15 000		

固定资产

11/16	100 000		
12/5	40 000		
期末余额	140 000		

累计折旧

		12/31	2 000
		期末余额	2 000

短期借款

		12/1	200 000
		期末余额	200 000

应付职工薪酬

12/15	2 500	11/30	2 500
		12/31	2 500
		期末余额	2 500

应付账款

11/30	20 000	11/16	20 000
12/25	150 000	11/20	100 000
12/31	100 000	12/6	150 000
		期末余额	0

应付利息

借方	贷方
	12/31　1 000
	期末余额　1 000

实收资本

借方	贷方
	11/7　500 000
	期末余额　500 000

主营业务收入

借方	贷方
	11/28　150 000
	12/16　180 000
	12/18　1 600
	期末余额　331 600

主营业务成本

借方	贷方
11/28　120 000	
12/16　144 000	
期末余额　264 000	

管理费用

借方	贷方
11/17　800	
11/29　2 200	
11/30　2 500	
11/30　5 000	
12/15　2 500	
12/31　2 500	
12/31　2 000	
12/31　10 000	
期末余额27 500	

财务费用

借方	贷方
12/31　1 000	
期末余额　1 000	

编制试算平衡表。

试算平衡表

20×1 年 12 月 31 日　　单位：元

科目	借方余额	贷方余额
库存现金	11 600	
银行存款	392 000	
应收账款	0	
其他应收款	0	
预付账款	15 000	
库存商品	186 000	
固定资产	140 000	
累计折旧		2 000
短期借款		200 000
应付账款		0
应付职工薪酬		2 500
应付利息		1 000
实收资本		500 000
主营业务收入		331 600
主营业务成本	264 000	
管理费用	27 500	
财务费用	1 000	
合计	1 037 100	1 037 100

（3）编制20×1年度利润表和资产负债表。

利润表

编制单位：方华公司　　20×1年度　　单位：元

项目	金额
营业收入	331 600
减：营业成本	264 000
毛利	67 600
减：管理费用	27 500
财务费用	1 000
利润	39 100

资产负债表

编制单位：方华公司　　20×1年12月31日　　单位：元

资产	金额	负债和所有者权益	金额
货币资金	403 600	短期借款	200 000
其他应收款	0	应付账款	0
预付款项	15 000	应付利息	1 000
存货	186 000	应付职工薪酬	2 500
固定资产	138 000	负债合计	203 500
		实收资本	500 000
		未分配利润	39 100
		所有者权益合计	539 100
资产总计	742 600	负债和所有者权益总计	742 600

（4）编制结账分录。

借：主营业务收入　　331 600
　贷：本年利润　　331 600

借：本年利润　　292 500
　贷：主营业务成本　　264 000
　　　管理费用　　27 500
　　　财务费用　　1 000

借：本年利润　　39 100
　贷：利润分配——未分配利润　　39 100

第3章 Chapter 3 货币资金及应收款项

学习目标

本章主要讲解货币资金及各种短期债权的内容及其会计核算，货币资金包括库存现金、银行存款和其他货币资金，各种短期债权包括应收账款、应收票据、应收股利、应收利息、预付账款和其他应收款。通过本章的学习，同学们应当能够合理地对货币资金进行分类，并正确处理各种结算方式下的经济业务，还应熟练掌握应收账款坏账计提的方法和原理。

学习指导

一、学习重点

在本章中，应当掌握货币资金和各种应收款项的会计处理，熟悉库存现金、银行存款及其他货币资金在收发核算及清查方法上的特点，理解货币资金、各种应收款项在资产负债表中的列示方法，了解相关的金融法规和理论背景。

二、学习难点

货币资金和应收款项的相关核算在实践中运用十分频繁，相关规定也比较多，初学者在学习时将这些规定和账务处理联系起来是比较困难的，需要多加学习理解，对于其中比较难的部分，如坏账估计方法及会计处理、应收票据贴现的会计处理等，要多加思考其背后的原理。

练习题

一、单项选择题

1. 下列不能用现金支付的是（ ）。

A. 购买办公用品 900 元

B. 向个人收购农副产品50 000元

C. 从某公司购入工业产品50 000元

D. 支付职工差旅费10 000元

2. 对于无法查明原因的现金长、短款，经批准后应分别计入（　　）。

A. 营业外收入、营业外支出

B. 营业外收入、管理费用

C. 营业外支出、营业外收入

D. 管理费用、营业外支出

3. 下列各项中，出纳人员根据会计凭证登记现金日记账正确的做法是（　　）。

A. 将现金付款凭证汇总后再登记

B. 根据库存现金收付业务凭证逐笔、序时登记

C. 根据现金收付款凭证金额相抵的差额登记

D. 将现金收款凭证汇总后再登记

4. 企业库存现金的最高限额一般为（　　）日常零星开支。

A. 10天　　B. 3～5天　　C. 15天　　D. 20天

5. 现金的清查应采用（　　）。

A. 核对账目法　　B. 实地盘点法

C. 永续盘存制　　D. 实地盘存制

6. 企业将款项汇往异地银行开立采购专户，编制该业务的会计分录时应当（　　）。

A. 借记“应收账款”科目，贷记“银行存款”科目

B. 借记“其他货币资金”科目，贷记“银行存款”科目

C. 借记“其他应收款”科目，贷记“银行存款”科目

D. 借记“材料采购”科目，贷记“其他货币资金”科目

7. 企业银行存款日记账余额为150万元，与银行对账单余额不符，差异包括：企业收到货款10万元，银行未入账；企业开出支票5万元，对方尚未到银行办理收款；银行代扣水电费2万元，企业尚未入账。调节之后企业银行存款余额应为（　　）万元。

A. 160　　B. 165　　C. 152　　D. 148

8. 下列各项中，关于银行存款业务的表述正确的是（　　）。

A. 企业单位信用卡存款账户可以存取现金

B. 企业信用证保证金存款余额不可以转存其开户行结算户

C. 企业银行汇票存款的收款人不得将其收到的银行汇票背书转让

D. 企业外埠存款除采购人员可从中提取少量现金外，一律采用转账结算

9. 在记账正确无误的情况下，银行存款日记账与银行对账单两者余额不符的原因是（　　）。

A. 记账依据不一致引起的　　B. 坏账引起的

C. 记账方法不一致引起的　　D. 未达账项引起的

10. 某企业月末银行存款日记账余额 80 000 元，经查有四笔未达账项：企业已付银行未付款 3 000 元；企业已收银行未收款 5 000 元；银行已收企业未收款 10 000 元；银行已付企业未付款 4 000 元。则调节后存款余额为（　　）元。

A. 82 000　　B. 86 000　　C. 90 000　　D. 84 000

11. 某企业 2019 年 4 月 30 日银行存款日记账与开户银行送来的对账单核对，双方记账均无差错，但存在以下未达账项：

(1) 银行代企业收回外埠销货款 66 500 元，银行已入账，但企业尚未收到银行收款通知，尚未入账；

(2) 企业 4 月 28 日开出转账支票 2 250 元，并已记账，但持票人尚未到银行办理转账，银行尚未入账；

(3) 企业于月末将收到的转账支票 3 000 元存入银行并已记账，但银行尚未记账；

(4) 银行收取了企业借款利息 750 元并已入账，但企业尚未收到银行计付利息通知单，尚未记账。

经调节后的存款余额为 525 750 元，则 2019 年 4 月 30 日企业银行存款账面余额为（　）元。

A. 460 000　　B. 525 000　　C. 525 750　　D. 591 500

12. 下列经济业务中，不会引起资产总额发生增减变化的是（　　）。

A. 接受投资者投资，款项存入银行

B. 从银行提取现金

C. 用银行存款偿还应付账款

D. 采购材料入库，暂未付款

13. 企业可通过（　）办理转账结算和现金缴存，但不能支取现金。

A. 基本存款账户　　B. 一般存款账户

C. 临时存款账户　　D. 专用存款账户

14. 下列各项中，不会引起其他货币资金发生变动的是（　　）。

A. 企业销售商品收到商业汇票

B. 企业用银行本票购买办公用品

C. 企业将款项汇往外地开立采购专户

D. 企业为购买基金将资金存入在证券公司指定银行开立账户

15. 下列内容中，不在“其他货币资金”科目核算的是（　　）。

A. 外埠存款　　B. 银行承兑汇票

C. 银行汇票存款　　D. 信用卡存款

16. 资产负债表“货币资金”项目的填制依据不包括（　）。

A. 库存现金　B. 银行存款　C. 基金　D. 其他货币资金

17. 2019年12月初，某企业“应收账款”科目借方余额为300万元，相应的“坏账准备”科目贷方余额为20万元，本月实际发生坏账损失6万元。2019年12月31日，经减值测试，该企业应补提坏账准备11万元。假定不考虑其他因素，2019年12月31日，该企业资产负债表“应收账款”项目的金额为（　）万元。

A. 269　B. 274　C. 275　D. 280

18. 某企业年初“坏账准备”科目贷方余额为20万元，本年收回上年已确认为坏账的应收账款5万元。年末经减值测试，“坏账准备”科目贷方余额应为30万元。不考虑其他因素，该企业年末应计提的坏账准备为（　）万元。

A. 5　B. 30　C. 15　D. 10

19. 下列各项中，在确认销售收入时不影响应收账款入账金额的是（　）。

A. 销售价款　　B. 增值税销项税额

C. 主营业务成本　　D. 销售产品代垫的运杂费

20. 下列各项中，属于“其他应收款”科目核算内容的是（　）。

A. 应收的劳务款　　B. 为职工垫付的房租

C. 应收的销售商品款　　D. 为购货单位垫付的运杂费

21. 企业出租固定资产，应收而未收到的租金应记入（　）科目的借方。

A.“其他业务收入”　　B.“固定资产清理”

C.“应收账款”　　D.“其他应收款”

22. 企业未设置“预付账款”科目，发生预付货款业务时应借记的会计科目是（　）。

A.“预收账款”　　B.“其他应付款”

C.“应收账款”　　D.“应付账款”

23. 下列票据可贴现的是（　）。

A. 银行本票　　B. 现金支票

C. 商业汇票　　D. 银行汇票

24. 预付账款不多的企业，可以不设“预付账款”科目，而将预付的款项记入（　）。

A.“应付账款”科目的借方　　B.“应付账款”科目的贷方

C.“应收账款”科目的借方　　D.“应收账款”科目的贷方

25. 企业贴现应收票据，所得额必定（　）。

A. 小于票据的到期值　　B. 小于票据的面值

C. 大于票据的到期值　　D. 大于票据的面值

26. 已知“预付账款”账户本期借方发生额为5 800元，贷方发生额为3 000元，期末借方余额为8 000元，则期初余额为（　）元。

A. 10 800　B. 800　C. 5 200　D. 4 200

27. 贴现凭证中的贴现日期为2019年3月20日，贴现汇票的到期日为6月20日，则贴现天数为（　）天。

A. 89　B. 90　C. 91　D. 92

28. 2019年5月31日，某企业“应付账款”总账科目贷方余额为1 255万元，其中，“应付账款——甲公司”明细科目贷方余额为1 755万元，“应付账款——乙公司”明细科目借方余额为5万元。“预付账款”总账科目借方余额为15.5万元，其中，“预付账款——丙公司”明细科目借方余额为20万元，“预付账款——丁公司”明细科目贷方余额为15万元。不考虑其他因素，该企业2019年5月31日资产负债表中“预付款项”项目期末余额为（　）万元。

A. 20　B. 25　C. 18.5　D. 23.5

二、多项选择题

1. 下列各项中，关于企业现金溢余的会计处理表述正确的有（　）。

A. 应支付给有关单位的现金溢余计入其他应付款

B. 无法查明原因的现金溢余计入营业外收入

C. 无法查明原因的现金溢余冲减管理费用

D. 应支付给有关单位的现金溢余计入应付账款

2. 不符合现金管理规定的行为包括（　）。

A. 白条抵库　　B. 提取现金

C. 出租出借账户　　D. 设立小金库

3. 下列事项中可以使用现金的有（　）。

A. 支付职工工资　　B. 向农民收购农产品

C. 购买国家规定的专控商品　　D. 差旅费

4. 下列有关企业进行库存现金盘点清查时的做法中，正确的有（　）。

A. 库存现金的清查方法采用实地盘点法

B. 在盘点库存现金时，出纳人员必须在场

C. 经领导批准，借条、收据可以抵充现金

D. 现金盘点报告表需由盘点人员和出纳人员共同签章方能生效

5. 下列属于企事业单位的存款账户的有（　）。

A. 基本存款账户　　B. 借款账户

C. 一般存款账户　　D. 专用存款账户

6. 银行存款的清查，需将（　　）进行相互逐笔核对。

A. 银行存款总账　　　　　　　　B. 银行对账单

C. 银行存款日记账　　　　　　　D. 支票登记簿

7. 编制银行存款余额调节表时，下列未达账项中，会导致企业银行存款日记账的账面余额小于银行对账单余额的有（　　）。

A. 企业开出支票，银行尚未支付

B. 企业送存支票，银行尚未入账

C. 银行代收款项，企业尚未接到收款通知

D. 银行代收款项，企业尚未接到付款通知

8. 如果经济业务事项的发生使企业银行存款减少，那么相应地有可能使（　）。

A. 固定资产增加　　　　　　　　B. 长期借款减少

C. 应付账款增加　　　　　　　　D. 实收资本减少

9. 其他货币资金包括（　　）。

A. 支票存款　　　　　　　　　　B. 银行汇票存款

C. 银行本票存款　　　　　　　　D. 外埠存款

10. 下列各项中，企业应确认为其他货币资金的有（　　）。

A. 向银行申请银行本票划转的资金

B. 为开信用证而存入银行的专户资金

C. 汇向外地开立临时采购专户的资金

D. 为购买股票向证券公司划出的资金

11. 下列各账户中，应作为填列资产负债表“货币资产”项目的依据的有（　　）。

A. “库存现金”　　　　　　　　B. “银行存款”

C. “短期投资”　　　　　　　　D. “其他货币资金”

12. 下列各项中，应列入资产负债表“应收账款”项目的有（　　）。

A. 预付职工差旅费

B. 代购货单位垫付的运杂费

C. 销售产品应收取的款项

D. 对外提供劳务应收取的款项

13. 下列各项中，会引起应收账款账面价值发生变化的有（　　）。

A. 计提坏账准备

B. 收回应收账款

C. 发生坏账转销坏账准备

D. 收回已转销的坏账

14. 下列各项中，应在资产负债表“预付款项”项目列示的有（ ）。

A. “应付账款”科目所属明细账科目的借方余额

B. “应付账款”科目所属明细账科目的贷方余额

C. “预付账款”科目所属明细账科目的借方余额

D. “预付账款”科目所属明细账科目的贷方余额

15. 下列各项中，应通过“应收票据”科目核算的有（ ）。

A. 销售产品收到的银行承兑汇票

B. 提供劳务收到的商业承兑汇票

C. 以持有的商业承兑汇票背书抵付前欠货款

D. 收到购货方背书转让的银行承兑汇票

16. 下列业务中，应确认为债权的有（ ）。

A. 预收销货款　　B. 预付购货款

C. 应收销货款　　D. 预支差旅费

17. 流动资产包括（ ）。

A. 库存现金　　B. 原材料　　C. 应收账款　　D. 预付账款

三、判断题

1. 企业库存现金低于限额时，可以用销售收入补足限额。（ ）

2. 企业在经济活动中，除按国家现金管理规定可用现金支付的部分外，都必须通过银行办理转账结算。（ ）

3. 现金清查一般采用实地盘点的方法。首先确定现金的实存数，然后与现金日记账的账面结存数进行核对，查明账实是否相符。（ ）

4. 编制银行存款余额调节表只是为了核对账目，不能以此作为调节银行存款日记账账面余额的记账依据。（ ）

5. 任何单位和个人不得将单位的资金以个人名义开立账户存储。（ ）

6. 银行存款余额调节表中，银行对账单应减去企业已收银行未收的款项。（ ）

7. 资产负债表中的“货币资金”项目，应当根据“库存现金”“银行存款”“其他货币资金”三个总账科目余额合计填列。（ ）

8. 委托收款结算方式，不受结算金额起点限制。（ ）

9. 银行存款余额调节表调节后双方余额相等，表示企业可以动用的银行存款实有数，企业应根据调节后的余额调整银行存款日记账的账面记录。（ ）

10. 其他货币资金是指企业除现金以外的其他各种货币资金，包括外埠存款、银行汇票存款、银行本票存款、信用证存款和存出投资款等。（ ）

11. 按照《企业会计制度》的规定，销售商品时如果存在现金折扣，应收账款应按销售收入扣除现金折扣的最佳估计数后的净额确认。（ ）

12. 资产负债表中的“应收账款”项目，应根据“应收账款”账户和“预收账款”账户所属明细账户的期末借方余额合计数，减去“坏账准备”账户期末余额后的金额填列。（ ）

13. 无法收回的应收账款按规定程序报经批准后，列为营业外支出。（ ）

14. 预付账款必须以购销双方签订的购销合同为条件，按规定的程序和方法进行核算。（ ）

15. 其他应收款是指企业发生的除应收账款、应收票据和预付账款以外的应收或暂付的各种款项。（ ）

16. 企业从银行获得的票据到期值扣除贴现利息后的货币收入，称为贴现收入。（ ）

17. 应收及预付款项都是企业的短期债权，应收账款收取的对象是货物，预付账款的收取对象是货币资金。（ ）

18. 预付账款不多的企业，预付账款可以通过“应收账款”科目核算，不再设置“预付账款”科目。（ ）

四、计算题

1. 甲公司2019年12月份发生与银行存款有关的业务如下：

（1）12月28日，甲公司收到A公司开出的480万元转账支票，交存银行。该笔款项系A公司违约支付的赔款，甲公司将其计入当期损益。

（2）12月29日，甲公司开出转账支票支付B公司咨询费360万元，并于当日交给B公司。

（3）12月31日，甲公司银行存款日记账余额为432万元，银行转来对账单余额为664万元。经逐笔核对，发现以下未达账项：

1）甲公司12月28日收到的A公司赔款已登记入账，但银行尚未记账。

2）B公司尚未将12月29日收到的支票送存银行。

3）甲公司委托银行代收C公司购货款384万元，银行已于12月30日收妥并登记入账，但甲公司尚未收到收款通知。

4）12月份甲公司发生借款利息32万元，银行已减少其存款，但甲公司尚未收到银行的付款通知。

要求：

（1）编制甲公司上述业务（1）（2）的会计分录。

（2）根据上述资料编制甲公司银行存款余额调节表。

2. 某公司20××年1月份发生的部分经济业务如下：

（1）采购员赵松出差，预借差旅费500元。

（2）采购员赵松出差回来，报销差旅费580元，不足部分以现金支付。

要求：根据上述经济业务编制会计分录。

参考答案

一、单项选择题

1. C	2. B	3. B	4. B	5. B
6. B	7. D	8. D	9. D	10. B
11. A	12. B	13. B	14. A	15. B
16. C	17. A	18. A	19. C	20. B
21. D	22. D	23. C	24. A	25. A
26. C	27. D	28. B		

二、多项选择题

1. AB	2. ACD	3. ABD	4. ABD	5. ACD
6. BC	7. AC	8. ABD	9. BCD	10. ABCD
11. ABD	12. BCD	13. ABD	14. AC	15. ABCD
16. BCD	17. ABCD			

三、判断题

1. ×	2. √	3. √	4. √	5. √
6. ×	7. √	8. √	9. ×	10. ×
11. √	12. √	13. ×	14. √	15. √
16. √	17. ×	18. ×		

四、计算题

1. 答案中的金额单位以万元表示。

(1) 借：银行存款 480

贷：营业外收入 480

(2) 借：管理费用 360

贷：银行存款 360

(3) 编制甲公司银行存款余额调节表。

银行存款余额调节表 单位：万元

项目	金额	项目	金额
银行存款日记账余额	432	银行对账单余额	664
加：银行已收，企业未收款	384	加：企业已收，银行未收款	480
减：银行已付，企业未付款	32	减：企业已付，银行未付款	360
调节后余额	784	调节后余额	784

2. 根据上述资料，编制相关业务的会计分录。

(1) 借：其他应收款 500

贷：库存现金 500

（2）借：管理费用 580

　　贷：其他应收款 500

　　　　库存现金 80

教材习题解答

一、思考题

1. 企业办理哪些票据业务和支付结算业务需要向银行预缴款项？哪些业务不需要预缴款项？

企业办理银行汇票、银行本票、单位银行卡和信用证业务时需要向银行预缴款项。办理托收承付、委托收款时不需要向银行预缴款项。一般应在开户行办理支票转账支付业务，从原来已经办妥的银行结算账户中转账支付。

2. 如何评价坏账损失核算的备抵法？

这个问题需要辩证地看待，保持质疑精神对于学习会计学（乃至全部的社会科学）是很重要的。

西方流行的会计理论认为，备抵法体现了谨慎性原则的要求。因为在备抵法下应收款项按照应收款项余额减去坏账准备后的净额列示，这样就不至于高估资产。况且，资产最重要的特征是能够带来未来经济利益的流入，既然很可能无法带来经济利益流入，当然就应该从资产行列中剔除。在备抵法下，可以反映应收款项的余额和坏账准备的金额，这比直接转销法下只反映应收款项净额的做法要优越。

但是在备抵法下，所做的记录没有原始凭证，缺乏法律事实的支持。并且现行税法不允许企业在所得税前扣除依照备抵法所计算的坏账损失，因为这只是一项预计损失而实际并没有发生，因此，在进行纳税申报时，需要按照税法规定进行调整，这样就增加了税收遵从成本。

二、练习题

1. 相关账务处理如下：

（1）借支现金时。

借：其他应收款 60 000

　　贷：库存现金 60 000

（2）归还现金并报销时。

借：管理费用 50 000

　　库存现金 10 000

　　贷：其他应收款 60 000

2. 相关账务处理如下：

（1）开出银行汇票时。

借：其他货币资金——银行汇票 9 000 000

贷：银行存款　9 000 000

（2）支付采购款时。

借：在途物资　7 000 000

应交税费——应交增值税（进项税额）　910 000

贷：其他货币资金——银行汇票　7 910 000

3. 相关账务处理如下：

（1）计提坏账准备时。

借：信用减值损失　300 000

贷：坏账准备　300 000

（2）确认坏账时。

借：坏账准备　90 000

贷：应收账款　90 000

第4章 存货

Chapter 4

学习目标

本章主要讲解企业原料采购、生产加工和产品销售的会计处理方法，销货成本的计算方法，存货盘盈盘亏的会计处理方法，存货相关的增值税会计处理方法。通过本章的学习，同学们应当能够整体理解存货在企业中所经过的会计循环（原材料—生产成本—库存商品—主营业务成本等），把各个单独的业务串起来，更好地了解企业的经营活动，体现会计记录和核算的作用。

学习指导

一、学习重点

在本章中，应当掌握存货构成及存货入账价值（尤其是原材料、商品入账价值）的确定方法，商品核算方法及各方法下的特点，委托加工物资核算原理及周转材料的会计处理方法等。同时，在掌握日常收发业务的会计处理基础上，还应掌握存货减值的估计方法及相应的会计处理。理解成本与市价孰低法的设计思路，了解低值易耗品摊销的会计处理方法。

二、学习难点

本章需结合工商企业的日常业务进行学习，本章初次涉及增值税相关的核算，对增值税原理的理解对于初学者是一个难点。增值税是以商品（含应税劳务）在流转过程中产生的增值额作为计税依据而征收的一种流转税。从计税原理上说，增值税是对商品生产、流通、劳务服务中多个环节的新增价值或商品的附加值征收的一种流转税。实行价外税，也就是由消费者负担，有增值才征税，没增值不征税。

同时初学者需要在了解工商企业日常业务的基础上，理解存货的相关会计处理，这样会对每笔特定的业务有较好的理解。

练习题

一、单项选择题

1. 下列各项中，不会引起期末存货账面价值发生变动的是（　　）。

A. 尚未确认销售收入但已发出的商品

B. 已收到发票账单并付款的在途物资

C. 已确认销售收入但尚未发出的商品

D. 尚未收到发票账单月末暂估入账的材料

2. 某企业产品入库后发现可修复废品一批，生产成本为 20 万元，返修过程中发生直接材料 2 万元、直接人工 3 万元、制造费用 4 万元，废品残料作价 1 万元已回收入库。不考虑其他因素，该企业可修复废品的净损失为（　　）万元。

A. 8　　B. 29　　C. 20　　D. 28

3. 下列各项中，不属于存货的是（　　）。

A. 尚在加工中的在产品

B. 委托其他单位加工的物资

C. 购货单位已交款并已开出提货单但尚未提取的货物

D. 款项已支付但尚未运达的货物

4. 某企业核算批准后的存货毁损净损失，下列各项中应计入管理费用的是（　　）。

A. 由自然灾害造成的损失

B. 应由保险机构赔偿的损失

C. 应由责任人赔偿的损失

D. 管理不善造成的损失

5. 企业“发出商品”科目的期末余额应并入资产负债表的（　　）项目。

A.“库存商品”　　B.“发出商品”

C.“营业成本”　　D.“存货”

6. 下列属于企业的流动资产的是（　　）。

A. 预收账款　　B. 机器设备　　C. 专利权　　D. 库存商品

7. 财产物资的盘存制度一般有（　　）。

A. 实地盘存制和核对账目法

B. 余额调节法和永续盘存制

C. 实地盘存制和技术推算盘点法

D. 实地盘存制和永续盘存制

8. 甲公司为增值税一般纳税人。2019年6月1日，甲公司购买Y产品取得的增值税专用发票上注明的价款为450万元，增值税税额为58.5万元。甲公司另支付不含增值税的装卸费7.5万元。不考虑其他因素，甲公司购买Y产品的成本为（　　）万元。

A. 534　　B. 457.5　　C. 450　　D. 526.5

9. 某企业赊购一批原材料，取得的增值税专用发票上注明的价款为10万元，增值税税额为1.3万元，现金折扣为“2/10，1/20，n/30”，该企业预计最可能在10日内付款，按照最可能发生金额确定可变对价的最佳估计数。该企业购进原材料确认的应付账款金额为（　　）万元。

A. 11.3　　B. 11.7　　C. 11.074　　D. 11.5

10. 某企业为增值税一般纳税人。本月购进原材料200吨，增值税专用发票上注明的价款为60万元，增值税税额为7.8万元，支付的保险费为3万元，入库前的挑选整理费为1万元。不考虑其他因素，该批原材料实际成本为每吨（　　）万元。

A. 0.3　　B. 0.32　　C. 0.371　　D. 0.351

11. 下列各项中，不计入存货采购成本的是（　　）。

A. 负担的运输费用　　B. 支付的进口关税

C. 入库后的仓储费　　D. 入库前整理挑选费

12. 某企业为增值税一般纳税人。购入材料一批，增值税专用发票上注明的价款为25万元，增值税为3.25万元，另支付材料的保险费2万元、包装物押金2万元。该批材料的采购成本为（　　）万元。

A. 27　　B. 29　　C. 29.25　　D. 31.25

13. 借：原材料20 000，贷：应付账款20 000，该会计分录记录的经济业务是（　　）。

A. 支付购买材料款20 000元

B. 用原材料抵偿货款20 000元

C. 购买原材料20 000元，款未付

D. 用银行存款购买原材料20 000元

14. 某企业为增值税一般纳税人。本期购入原材料一批，发票价款为40 000元，增值税税额为5 200元，运输途中合理损耗120元，入库前发生挑选整理费1 400元。则该批原材料的入账价值为（　　）元。

A. 40 000　　B. 41 400　　C. 41 280　　D. 48 320

15. 2×18年12月31日，甲公司向乙公司订购的促销宣传用卡通毛绒玩具到货并收到相关购货发票，50万元货款已经支付。该卡通毛绒玩具将按计划于

2×19 年1 月向客户及潜在客户派发。不考虑相关税费及其他因素，下列关于甲公司 2×18 年对订购卡通毛绒玩具所发生支出的会计处理中，正确的是（　　）。

A. 确认为库存商品　　B. 确认为当期销售成本

C. 确认为当期管理费用　　D. 确认为当期销售费用

16. 甲企业从乙企业购买 A 材料一批，增值税专用发票记载的货款为 20 000 元，增值税为 2 600 元，乙企业代垫运费 500 元，全部款项以转账支票付讫，材料已验收入库，甲企业采用实际成本核算法，甲企业正确的会计处理是（　　）。

A. 借：原材料——A 材料　　20 000

　　应交税费——应交增值税（进项税额）　　2 600

　贷：银行存款　　22 600

B. 借：原材料——A 材料　　20 500

　　应交税费——应交增值税（进项税额）　　2 600

　贷：银行存款　　23 100

C. 借：在途物资——A 材料　　20 500

　　应交税费——应交增值税（进项税额）　　2 600

　贷：银行存款　　23 100

D. 借：原材料——A 材料　　20 000

　　应交税费——应交增值税（进项税额）　　2 600

　　管理费用　　500

　贷：银行存款　　23 100

17. 某纺织企业为增值税一般纳税人，适用的增值税税率为 13%。该企业以其生产的服装作为福利发放给 100 名生产车间管理人员，每人一套。每套服装不含税售价为 350 元，成本为 280 元。不考虑其他因素，下列关于该企业非货币性福利的会计处理结果正确的是（　　）。

A. 确认管理费用 40 600 元

B. 确认增值税销项税额 4 480 元

C. 确认主营业务收入 40 600 元

D. 确认应付职工薪酬 40 600 元

18. 下列各项中，在确认销售收入时不影响应收账款入账金额的是（　　）。

A. 销售价款　　B. 增值税销项税额

C. 其他业务成本　　D. 销售产品代垫的运杂费

19. 某企业只生产和销售甲产品，2019 年 4 月初，在产品成本为 3.5 万元。4 月份发生如下费用：生产消耗材料 6 万元，生产工人工资 2 万元，行政管理部门人员工资 1.5 万元，制造费用 1 万元。月末在产品成本为 3 万元，该企业 4 月份完工甲产品的生产成本为（　）万元。

A. 9.5　　B. 12.5　　C. 11　　D. 9

20. 某企业采用月末一次加权平均法核算发出材料成本。2019年6月1日，结存乙材料200件，单位成本35元；6月10日，购入乙材料400件，单位成本40元；6月20日，购入乙材料400件，单位成本45元。当月发出乙材料600件。不考虑其他因素，该企业6月份发出乙材料的成本为（　）元。

A. 24 600　　B. 25 000　　C. 26 000　　D. 23 000

21. 企业生产的产品完工，应将其制造成本转入（　）账户。

A. "库存商品"　　B. "营业成本"

C. "营业外支出"　　D. "本年利润"

22. 零售企业对已销商品摊销进销差价时，应贷记的科目是（　）。

A. "商品进销差价"　　B. "材料成本差异"

C. "主营业务成本"　　D. "销售费用"

23. 期末，某工业企业计算结转本期销售产品成本，此项业务应贷记的账户是（　）。

A. "其他业务支出"　　B. "劳务成本"

C. "主营业务收入"　　D. "库存商品"

24. 2019年9月10日，某企业与客户签订销售合同并预收货款55 000元。9月20日，商品发出，增值税专用发票上注明的价款为50 000元，增值税税额为6 500元，当月发出商品的同时收到货款。该企业应确认的商品销售收入金额为（　）元。

A. 50 000　　B. 3 500　　C. 56 500　　D. 55 000

25. 某企业采用先进先出法计算发出甲材料的成本，2019年2月1日，结存甲材料200千克，单位成本100元；2月10日，购入甲材料300千克，单位成本110元；2月15日，发出甲材料400千克。2月末，库存甲材料的实际成本为（　）元。

A. 10 000　　B. 10 500　　C. 10 600　　D. 11 000

26. 为使存货的价值得到正确反映，对期末存货应按照（　）两者之中较低者计价。

A. 市价与可变现净值　　B. 市价与成本

C. 成本与可变现净值　　D. 成本与账面余额

27. 2018年12月31日，某企业存货的账面余额为20 000元，可变现净值为19 000元。2019年12月31日，存货账面余额仍为20 000元，可变现净值为21 000元。则2019年年末应冲减存货跌价准备（　）元。

A. 0　　B. 1 000　　C. 2 000　　D. 3 000

28. 某企业在财产清查中，发现A材料盘亏2 000元，经查属定额内合理损耗，报经审批后的会计分录为（ ）。

A. 借：待处理财产损溢——待处理流动资产损溢 2 000

贷：管理费用 2 000

B. 借：管理费用 2 000

贷：待处理财产损溢——待处理流动资产损溢 2 000

C. 借：待处理财产损溢——待处理流动资产损溢 2 000

贷：生产成本 2 000

D. 借：生产成本 2 000

贷：待处理财产损溢——待处理流动资产损溢 2 000

二、多项选择题

1. 下列各项中，关于存货的会计处理表述正确的有（ ）。

A. 应收保险公司存货损失赔偿款计入其他应收款

B. 资产负债表日存货应按成本与可变现净值孰低计量

C. 按管理权限报经批准的盘盈存货冲减管理费用

D. 结转商品销售成本的同时转销其已计提的存货跌价准备

2. 下列各项中，关于发出包装物的会计处理表述正确的有（ ）。

A. 随同商品销售单独计价的包装物成本记入“其他业务成本”科目

B. 生产领用作为产品组成部分的包装物成本直接记入“生产成本”科目

C. 随同商品销售不单独计价的包装物成本记入“销售费用”科目

D. 生产车间一般耗用包装物的摊销额记入“制造费用”科目

3. 下列各项中，导致企业资产负债表“存货”项目期末余额发生变动的有（ ）。

A. 计提存货跌价准备

B. 用银行存款购入修理用备件（备品备件）

C. 已经发出但不符合收入确认条件的商品

D. 收到受托代销的商品

4. 下列各项中，关于存货计量的相关表述正确的有（ ）。

A. 发出原材料可采用先进先出法计价

B. 材料采购过程中发生的保险费应计入材料成本

C. 资产负债表日原材料应当按照成本与可变现净值孰低计量

D. 存货按照成本进行初始计量

5. 存货的基本特征包括（ ）。

A. 具有较大的流动性

B. 具有时效性和潜在损失的可能性

C. 是有形资产

D. 企业持有存货的最终目的是出售

6. 下列各项中，关于周转材料的会计处理表述正确的有（ ）。

A. 多次使用的包装物应根据使用次数分次进行摊销

B. 低值易耗品金额较小的可在领用时一次计入成本费用

C. 随同商品销售出借的包装物摊销额应计入管理费用

D. 随同商品出售单独计价的包装物取得的收入应计入其他业务收入

7. 低值易耗品摊销的方法有（ ）。

A. 净值摊销法　　B. 一次摊销法

C. 平均年限法　　D. 五五摊销法

8. “低值易耗品”科目下的明细科目包括（ ）。

A. “在用低值易耗品”　　B. “在库低值易耗品”

C. “低值易耗品盘盈”　　D. “低值易耗品摊销”

9. 低值易耗品是指不能作为固定资产的各种用具物品，内容如（ ）。

A. 工具

B. 管理用具

C. 玻璃器皿

D. 经营过程中周转使用的包装容器

10. 企业为外购货物发生的下列各项支出中，应计入存货成本的有（ ）。

A. 入库前的挑选整理费

B. 运输途中的合理损耗

C. 不能抵扣的增值税进项税额

D. 运输途中因自然灾害发生的损失

11. 某企业为增值税一般纳税人，开出银行承兑汇票购入原材料一批，并支付银行承兑手续费。下列各项中，关于该企业采购原材料的会计处理表述正确的有（ ）。

A. 支付的运输费计入材料成本

B. 支付的可以抵扣的增值税进项税额计入材料成本

C. 支付的原材料价款计入材料成本

D. 支付的票据承兑手续费计入财务费用

12. 企业购买原材料一批，价款尚未支付，会计要素发生变动的有（ ）。

A. 资产　　B. 负债　　C. 所有者权益　　D. 收入

13. 企业购入原材料10万元验收入库，其中以银行存款支付3万元，其余开出并承兑商业汇票一份。用借贷记账法记账应做的记录为（ ）。

A. “应付账款”账户贷方7万元

B. “原材料”账户借方10万元

C. “银行存款”账户贷方 3 万元

D. “应付票据”账户贷方 7 万元

14. 产品完工验收入库，该项业务所编制的记账凭证，一般应依据（ ）编制。

A. 出库单　　B. 入库单

C. 制造费用分配表　　D. 产品成本计算单

15. 某企业采用托收承付方式销售商品 500 件，每件售价 20 元（含税价，增值税税率为 13%），代垫运杂费 800 元，已向银行办理托收手续，货款尚未收到，下列会计分录错误的有（ ）。

A. 借：应收账款　10 800
　　贷：主营业务收入　9 650
　　　　应交税费——应交增值税（销项税额）　1 150

B. 借：应收账款　10 800
　　贷：主营业务收入　8 850
　　　　应交税费——应交增值税（销项税额）　1 150
　　　　银行存款　800

C. 借：应收账款　10 800
　　贷：主营业务收入　8 700
　　　　应交税费——应交增值税（销项税额）　1 300
　　　　银行存款　800

D. 借：应收账款　10 000
　　贷：主营业务收入　8 700
　　　　应交税费——应交增值税（销项税额）　1 300

同时

借：其他应收款　800
　贷：银行存款　800

16. 企业因销售商品向购货单位收取的下列款项中，应在“应收账款”科目核算的有（ ）。

A. 商品货款　　B. 增值税销项税额

C. 出租包装物押金　　D. 代垫包装费、运杂费

17. 下列各项中，企业可以采用的发出存货成本计价方法有（ ）。

A. 先进先出法　　B. 移动加权平均法

C. 个别计价法　　D. 成本与可变现净值孰低法

三、判断题

1. 企业仓库存放的所有货物都属于本企业的存货。（ ）

2. 已完成销售手续但购买方在月末尚未提取的产品，销售方仍应作为本企业的库存商品核算。（　　）

3. 低值易耗品属于存货范畴，若企业低值易耗品数量、种类较少，可以纳入原材料管理，不单独设置“低值易耗品”账户。（　　）

4. 采用永续盘存制，仍需要定期或不定期地进行实地盘存，以查明各项存货的账簿记录与实有数量是否相符。（　　）

5. 无论采用永续盘存制还是实地盘存制，都需要对财产物资进行清查。（　　）

6. 增值税小规模纳税人购进货物支付的增值税直接计入有关货物的成本。（　　）

7. 企业对于材料已入库、发票单据未到、款未付的采购业务，在发票单据未到前可不做账务处理。（　　）

8. 企业在购买物资或劳务时，如果形成的应付账款附有现金折扣，应付账款应按照发票上记载的扣除折扣前的应付款总额入账。因在折扣期内付款而获得的现金折扣，冲减财务费用。（　　）

9. 月末货到单未到的入库材料应按暂估价入账，并于下月初用红字予以冲销。（　　）

10. 购入材料在运输途中发生的合理损耗无须单独进行账务处理。（　　）

11. 所有的生产性企业，本期发生的各项制造费用都应分配转入“生产成本”科目，“制造费用”科目期末应无余额。（　　）

12. 存货的可变现净值实质上是指净现金流入，而不是指存货的售价或合同价。（　　）

13. 对直接用于出售的存货和用于继续加工的存货，企业在确定其可变净现值时应当考虑的因素不同。（　　）

14. 历史成本原则又称实际成本计价原则，它是指企业的各项财产在取得时应当按照实际成本计量。但其后，各项财产如果发生减值，应当按照规定计提相应的减值准备。（　　）

15. 企业已计提跌价准备的存货在结转销售成本时，应一并结转相关的存货跌价准备。（　　）

16. 持有存货的数量多于销售合同订购数量的，超出部分的存货可变现净值应当以产成品或商品的合同价格作为计算基础。（　　）

17. 盘盈的存货应计入营业外支出。（　　）

18. 通过阅读附注中披露的存货增减变动情况，报表使用者可以了解资产负债表中未单列的存货分类信息。（　　）

四、计算题

1. 某企业为增值税一般纳税人，20×1 年 12 月份发生如下经济业务：

(1) 购入甲材料一批，价款 80 000 元，增值税 10 400 元，取得增值税专用发票，款项已于上月支付。

(2) 用银行存款支付购入甲材料的运杂费 2 500 元。

(3) 甲材料验收入库，结转其采购成本。

要求：根据上述经济业务编制相关会计分录。

2. 企业销售甲商品一批，价款 60 000 元，增值税 7 800 元，已按总价法入账。买方在 10 天以后 20 天以内付款，按合同条款可享受 1%的现金折扣。该企业预计对方最有可能在 10 天以后 20 天以内付款，按照最可能发生金额确定可变对价的最佳估计数，实际付款 67 122 元。

要求：编制销售收入入账和收到货款时的会计分录。

参考答案

一、单项选择题

1. A	2. A	3. C	4. D	5. D
6. D	7. D	8. B	9. C	10. B
11. C	12. A	13. C	14. B	15. D
16. B	17. D	18. C	19. A	20. A
21. A	22. C	23. D	24. A	25. D
26. C	27. B	28. B		

二、多项选择题

1. ABCD	2. ABCD	3. AB	4. ABCD	5. ABCD
6. ABD	7. BD	8. ABD	9. ABCD	10. ABC
11. ACD	12. AB	13. BCD	14. BD	15. ACD
16. ABD	17. ABC			

三、判断题

1. ×	2. ×	3. ×	4. √	5. √
6. √	7. ×	8. ×	9. √	10. √
11. √	12. √	13. √	14. √	15. √
16. ×	17. ×	18. √		

四、计算题

1. 编制相关会计分录。

(1) 借：在途物资——甲材料 80 000

应交税费——应交增值税（进项税额） 10 400

贷：预付账款　　90 400

（2）借：在途物资——甲材料　　2 500

贷：银行存款　　2 500

（3）借：原材料——甲材料　　82 500

贷：在途物资——甲材料　　82 500

2. 编制相关会计分录。

（1）销售收入入账时。

借：应收账款　　67 122

贷：主营业务收入　　59 322

应交税费——应交增值税（销项税额）　　7 800

（2）收到货款时。

借：银行存款　　67 122

贷：应收账款　　67 122

教材习题解答

一、思考题

1. 存货采购和销售过程中所涉及的增值税是否在利润表中列示？为什么？

增值税不在利润表中列示。因为增值税是价外税，通过“应交税费——应交增值税”账户的各个专栏进行核算。如果该科目有余额，则在资产负债表中通过“应交税费”列示，而不在利润表中列示。

2. 如何评价存货期末计量的成本与市价孰低法？

这个问题需要辩证地看待，保持质疑精神对于学习会计学（乃至全部的社会科学）是很重要的。

西方流行的会计理论认为，成本与市价孰低法符合谨慎性原则的要求，因为这样就不至于高估资产。况且，资产最重要的特征是能够带来未来经济利益的流入，既然很可能无法带来经济利益流入，当然就应该从资产行列中剔除。

但是，从另外一个角度来看，由于计提存货跌价准备时只要求具备“确凿证据”，而会计记录本身缺乏法律事实，缺乏原始凭证，因此，这个规则容易被企业滥用，成为操纵报表数据的利器。另外，现行税法不允许企业在所得税前扣除存货跌价准备，因为这只是一项预计损失而实际并没有发生，所以，在进行纳税申报时，需要按照税法规定进行调整，这样就增加了税收遵从成本。

3. 企业会计准则禁止使用后进先出法计算销货成本，你认为其理由是什么？

因为采用后进先出法计算出的期末存货成本是先期购入的存货成本，可能与市价偏离较大，不符合资产负债观的“盯市”理念，此外，考虑到与国际会计准则趋同的需要，也不宜使用后进先出法，因为国际会计准则已经废除了存货计价的后进先出法。

二、练习题

1. 编制相关的会计分录。

(1) 借：原材料	4 000 000	
应交税费——应交增值税（进项税额）	520 000	
贷：银行存款		4 520 000
(2) 借：生产成本	4 000 000	
贷：原材料		4 000 000
(3) 借：生产成本	2 400 000	
贷：应付职工薪酬		2 400 000
借：应付职工薪酬	2 400 000	
贷：银行存款		2 400 000
(4) 借：制造费用	5 600 000	
贷：应付职工薪酬		1 400 000
银行存款		200 000
累计折旧		4 000 000
借：应付职工薪酬	1 400 000	
贷：银行存款		1 400 000
(5) 借：生产成本——写字桌	2 800 000	
——椅子	2 800 000	
贷：制造费用		5 600 000
(6) 借：库存商品	12 000 000	
贷：生产成本		12 000 000
(7) 借：银行存款	22 600 000	
贷：主营业务收入		20 000 000
应交税费——应交增值税（销项税额）		2 600 000
借：主营业务成本	12 000 000	
贷：库存商品		12 000 000

2. 确定当月的销售成本金额。

(1) 先进先出法：

销售成本＝1 000×8＋1 000×(8＋9)＋3 000×9＝52 000(元)

(2) 加权平均法：

$$加权平均单位成本=\frac{16\,000+36\,000+20\,000}{2\,000+4\,000+2\,000}=9(元/千克)$$

销售成本＝6 000×9＝54 000(元)

（3）移动加权平均法：

数量单位：千克
金额单位：元

20×7年		摘要	收入			发出			结存		
月	日		数量	单价	金额	数量	单价	金额	数量	单价	金额
7	7	采购	2 000	8	16 000				2 000	8	16 000
	10	销售				1 000	8	8 000	1 000	8	8 000
	15	采购	4 000	9	36 000				5 000	8.8	44 000
	16	销售				2 000	8.8	17 600	3 000	8.8	26 400
	20	采购	2 000	10	20 000				5 000	9.28	46 400
	21	销售				3 000	9.28	27 840	2 000	9.28	18 560
		合计	8 000		72 000	6 000		53 440			

$$7\text{月}15\text{日加权平均单位成本}=\frac{8\,000+36\,000}{5\,000}=8.8(\text{元/千克})$$

$$7\text{月}20\text{日加权平均单位成本}=\frac{26\,400+20\,000}{5\,000}=9.28(\text{元/千克})$$

销售成本＝1 000×8＋2 000×8.8＋3 000×9.28＝53 440(元)

第5章 金融资产

Chapter 5

学习目标

本章主要讲解金融资产的分类及其核算。当前金融工具确认和计量准则将金融资产分为以摊余成本计量的金融资产，以公允价值计量且其变动计入其他综合收益的金融资产和以公允价值计量且其变动计入当期损益的金融资产三类。通过本章的学习，同学们应当了解金融资产划分为三类的原由，理解并掌握债权投资、其他债权投资、其他权益工具投资和交易性金融资产的会计处理。

学习指导

一、学习重点

1. 了解各类金融资产的概念和特征，熟悉金融资产分类的依据，理解企业管理金融资产的“业务模式”和金融资产的“合同现金流量特征”。

2. 理解并掌握各类金融资产的会计处理，包括初始计量和后续计量。

二、学习难点

1. 初学者容易混淆金融资产所对应的会计科目，在学习过程中应当明确各类金融资产和会计科目的对应关系。以摊余成本计量的金融资产主要表现为债权类投资，对应“债权投资”科目；以公允价值计量且其变动计入其他综合收益的金融资产表现为债权类投资和股权类投资两种，分别对应“其他债权投资”和“其他权益工具投资”科目；以公允价值计量且其变动计入当期损益的金融资产也表现为债权类投资和股权类投资两种，对应“交易性金融资产”科目。

2. 债权投资中实际利率的计算。实际利率是计算投资收益和摊余成本的基础，在学习过程中应当理解实际利率的含义，并熟练运用插值法计算实际利率。

3. 其他债权投资和其他权益工具投资都属于以公允价值计量且其变动计入其他综合收益的金融资产，但二者在金融资产出售时对以前期间公允价值变动累计确认的其他综合收益的会计处理不同，在学习过程中应当对比掌握。

练习题

一、单项选择题

1. 甲公司将其持有的交易性金融资产全部出售，售价为3 000万元；出售前该金融资产的账面价值为2 800万元（其中，成本2 500万元，公允价值变动300万元）。假定不考虑其他因素，甲公司该交易应确认的投资收益为（　　）万元。

A. 200　　B. －200　　C. 500　　D. －500

2. 2020年1月1日，A公司购入B上市公司（以下简称B公司）发行的公司债券，支付价款110万元（其中包含已到付息期但尚未领取的债券利息10万元）。另支付交易费用3万元，取得的增值税专用发票上注明的增值税税额为0.18万元。A公司将其划分为交易性金融资产进行管理和核算。该债券面值为100万元，票面利率为10%，每年年初支付利息一次。不考虑其他因素，A公司取得该交易性金融资产的初始入账价值为（　　）万元。

A. 110　　B. 100　　C. 103　　D. 113

3. 2020年1月1日，甲公司从二级市场购入丙公司面值为200万元的债券，支付的总价款为195万元（其中包括已到付息期但尚未领取的利息4万元），另支付相关交易费用1万元，甲公司将其划分为其他权益工具投资。该资产入账对应的“其他权益工具投资——利息调整”科目的金额为（　　）万元。

A. 4（借方）　　B. 4（贷方）　　C. 8（借方）　　D. 8（贷方）

4. 2019年2月3日，甲公司以银行存款2 003万元（其中含相关交易费用3万元）从二级市场购入乙公司100万股股票，作为交易性金融资产核算。2019年7月10日，甲公司收到乙公司于当年5月25日宣告分派的现金股利40万元。2019年12月31日，上述股票的公允价值为2 800万元。不考虑其他因素，该项投资使甲公司2019年营业利润增加的金额为（　　）万元。

A. 797　　B. 800　　C. 837　　D. 840

5. 2020年1月10日，某公司出售其所持有的交易性金融资产，实际收到价款450 000元存入银行。出售时该交易性金融资产的账面价值为440 000元，其中，“交易性金融资产——成本”科目借方余额为420 000元，“交易性金融资产——公允价值变动”科目借方余额为20 000元。不考虑其他因素，该公司出售交易性金融资产应确认的投资收益为（　　）元。

A. 10 000　　B. 450 000　　C. 20 000　　D. 30 000

6. 2019年3月9日，甲公司决定将生产经营多余资金进行短期股票投资，当日从二级市场买进乙公司股票150 000股，每股成交价为8元，支付印花税1 200元，其他相关费用850元。则甲公司正确的账务处理是（　　）。

A. 借：交易性金融资产——成本　1 200 000
　　应交税费——印花税　1 200
　　管理费用　850
　贷：银行存款　1 202 050

B. 借：交易性金融资产——成本　1 200 000
　　管理费用　2 050
　贷：银行存款　1 202 050

C. 借：交易性金融资产——成本　1 200 000
　　投资收益　2 050
　贷：银行存款　1 202 050

D. 借：短期投资——股票　1 200 000
　　管理费用　2 050
　贷：银行存款　1 202 050

7. 甲公司2019年10月10日自证券市场购入乙公司发行的股票100万股，共支付价款860万元，其中包括交易费用4万元。购入时，乙公司已宣告但尚未发放的现金股利为每股0.16元。甲公司将购入的乙公司股票作为交易性金融资产核算。2019年12月2日，甲公司出售该交易性金融资产，收到价款960万元。甲公司2019年利润表中因该交易性金融资产应确认的投资收益为（　　）万元。

A. 100　　B. 116　　C. 120　　D. 132

8. 某企业2020年1月1日，购入甲公司2019年7月1日发行的5年期债券，面值2 000万元，票面利率5%，每年年初支付利息，划分为其他权益工具投资核算，实际支付价款2 100万元（包含已到付息期但尚未领取的利息），另支付交易费用30万元，该资产的账面价值为（　　）万元。

A. 2 130　　B. 2 050　　C. 2 080　　D. 2 000

9. 2020年1月1日，甲公司购入乙公司当月发行的面值总额为1 000万元的债券，期限为5年，到期一次还本付息，票面利率8%，支付价款1 080万元，另支付相关税费10万元，甲公司将其划分为债权投资。甲公司应确认“债权投资——利息调整”科目的金额为（　　）万元。

A. 70　　B. 80　　C. 90　　D. 110

10. 2019年1月1日，甲公司以3 133.5万元购入乙公司当日发行的面值总额为3 000万元的债券，作为以摊余成本计量的金融资产核算。该债券期限为5

年，票面年利率为5%，实际年利率为4%，分期付息到期一次偿还本金。不考虑增值税等相关税费及其他因素，2019年12月31日，甲公司该债券投资的投资收益为（ ）万元。

A. 24.66　　B. 125.34　　C. 120　　D. 150

11. 2018年1月1日，甲公司支付125 000元购入乙公司同日发行的5年期债券，债券票面价值总额为15 000元，票面利率为4%，实际利率为8%，债券利息每年年末支付（即每年利息为6 000元），本金在债券到期时一次性偿还，甲公司将其划分为债权投资。2019年12月31日，该债券的账面价值为（ ）元。

A. 150 000　　B. 125 000　　C. 133 320　　D. 129 000

12. 2019年1月1日，甲公司以银行存款1 100万元购入乙公司当日发行的面值为1 000万元的5年期不可赎回债券，将其划分为债权投资。该债券票面年利率为10%，每年付息一次，实际年利率为7.53%。2019年12月31日，该债券的公允价值为1 150万元。假定不考虑其他因素，2019年12月31日，甲公司该债权投资的账面价值为（　　）万元。

A. 1 082.83　　B. 1 150　　C. 1 182.53　　D. 1 200

13. 20×1年1月1日，甲公司购入乙公司当日发行的4年期分期付息（于次年年初支付上年度利息）、到期还本债券，面值为1 000万元，票面年利率为5%，实际支付价款1 050万元，另发生交易费用2万元。甲公司将该债券划分为债权投资，每年年末确认投资收益，20×1年12月31日，确认投资收益35万元。20×1年12月31日，甲公司该债权投资的摊余成本为（　　）万元。

A. 1 035　　B. 1 037　　C. 1 065　　D. 1 067

14. 2019年7月1日，甲公司从二级市场以2 100万元（含已到付息日但尚未领取的利息100万元）购入乙公司发行的债券，另发生交易费用10万元，划分为交易性金融资产。当年12月31日，该交易性金融资产的公允价值为2 200万元。假定不考虑其他因素，当日，甲公司应就该资产确认的公允价值变动损益为（　　）万元。

A. 90　　B. 100　　C. 190　　D. 200

15. 甲公司2019年7月1日购入乙公司2019年1月1日发行的债券，支付价款为2 100万元（含已到付息期但尚未领取的债券利息40万元），另支付交易费用15万元。该债券面值为2 000万元，票面利率为4%（票面利率等于实际利率），每半年付息一次，甲公司将其划分为交易性金融资产。甲公司2019年度该项交易性交融资产应确认的投资收益为（　　）万元。

A. 25　　B. 40　　C. 65　　D. 80

16. 某企业于2018年7月1日按面值发行5年期、到期一次还本付息的公司债券，该债券面值总额为 8 000 万元，票面年利率为 4%，自发行日起计息。假定票面利率与实际利率一致，不考虑相关税费，2019 年 12 月 31 日，该应付债券的账面余额为（　　）万元。

A. 8 000　　B. 8 160　　C. 8 320　　D. 8 480

17. 企业购买的 3 年期到期还本付息国库券，应在（　　）科目核算。

A. "交易性金融资产"　　B. "长期股权投资"

C. "债权投资"　　D. "应付债券"

18. 2×19 年 6 月，甲公司与乙公司签订股权转让框架协议，协议约定将甲公司持有的丁公司 20%的股权转让给乙公司，总价款为 7 亿元，乙公司分为三次支付，2×19 年支付了第一笔款项 2 亿元。为了保证乙公司的利益，甲公司于 2×19 年 11 月将其持有的丁公司 5%的股权过户给乙公司，但乙公司暂时并不拥有与该 5%的股权对应的表决权和利润分配权。假定甲公司、乙公司不存在关联方关系，不考虑其他因素。下列关于甲公司 2×19 年对该股权转让的会计处理的表述中，正确的是（　　）。

A. 将实际收到的价款确认为负债

B. 将实际收到价款与所对应 5%的股权投资账面价值的差额确认为股权转让损益

C. 将甲公司与乙公司签订的股权转让协议作为或有事项在财务报表附注中披露

D. 将转让总价款与对丁公司 20%的股权投资账面价值的差额确认为股权转让损益，未收到的转让款确认为应收款

甲公司为增值税一般纳税人，2018 年发生的有关交易性金融资产业务如下：

(1) 1 月 3 日，向证券公司存出投资款 2 000 万元。同日，委托证券公司购入乙上市公司股票 50 万股，支付价款 500 万元（其中包含已宣告但尚未发放的现金股利 5 万元），另支付相关交易费用 1.25 万元，支付增值税 0.075 万元，甲公司将该股票投资确认为交易性金融资产。

(2) 3 月 20 日，收到乙上市公司发放的现金股利并存入银行的投资款专户。3 月 31 日，持有的乙上市公司股票公允价值为 480 万元。

(3) 4 月 30 日，全部出售乙上市公司股票 50 万股，售价为 600 万元，转让该金融商品应交的增值税为 5.66 万元，款项已收到。

要求：根据上述资料，假定该企业取得的增值税专用发票均已经税务机关认证，不考虑其他因素，分析回答第 19—21 题（答案中的金额单位用万元表示）。

19. 根据资料 (1)，甲公司购买股票应记入"交易性金融资产——成本"科目的金额是（　　）万元。

A. 501.325　　B. 495　　C. 500　　D. 501.25

20. 根据资料（1）和（2），下列各项中，3月20日甲公司收到乙上市公司发放现金股利的会计处理正确的是（　）。

A. 借：银行存款　5
　　贷：应收股利　5

B. 借：其他货币资金——存出投资款　5
　　贷：投资收益　5

C. 借：银行存款　5
　　贷：投资收益　5

D. 借：其他货币资金——存出投资款　5
　　贷：应收股利　5

21. 根据资料（1）至（3），该股票投资对甲公司2018年度营业利润的影响额是（　）万元。

A. 94.34　B. 99.34　C. 98.09　D. 100

甲企业为增值税一般纳税人，2017年发生如下与交易性金融资产相关的经济业务：

（1）4月12日，从深圳证券交易所购入乙企业股票20 000股，该股票的公允价值为900 000元，另支付相关交易费用3 000元，取得的增值税专用发票上注明的增值税税额为180元，发票已经税务机关认证。甲企业将该股票划分为交易性金融资产。

（2）6月30日，甲企业持有乙企业股票的市价为920 000元。

（3）7月6日，乙企业宣告以每股0.2元发放上年度的现金股利。7月10日，甲企业收到乙企业向其发放的现金股利，假定股利不考虑相关税费。

（4）7月18日，将持有的乙企业股票全部出售，售价为1 006 000元，转让该金融商品应交增值税为6 000元。

要求：根据上述资料，不考虑其他因素，分析回答第22—25题。

22. 根据资料（1），甲企业购入该交易性金融资产的初始入账金额是（　）元。

A. 903 000　B. 902 820　C. 900 000　D. 903 180

23. 根据资料（1）和（2），甲企业6月30日应计入公允价值变动损益的金额是（　）元。

A. 17 180　B. 16 820　C. 20 000　D. 17 000

24. 根据资料（1）和（3），下列各项中，关于甲企业现金股利的会计处理结果表述正确的是（　）。

A. 宣告发放股利时，确认投资收益4 000元

B. 宣告发放股利时，确认公允价值变动损益4 000元

C. 实际收到股利时，冲减交易性金融资产成本 4 000 元

D. 实际收到股利时，确认投资收益 4 000 元

25. 根据资料（1）～（4），该交易性金融资产业务引起甲企业 2017 年营业利润增加的金额是（　）元。

A. 104 000　B. 101 000　C. 107 000　D. 81 000

二、多项选择题

1. 按照持有目的和业务模式，金融资产可以分为（　）。

A. 以摊余成本计量的金融资产

B. 以公允价值计量且其变动计入当期损益的金融资产

C. 以公允价值计量且其变动计入其他综合收益的金融资产

D. 银行存款

2. 企业对下列金融资产进行初始计量时，应将发生的相关交易费用计入初始确认金额的有（　）。

A. 以摊余成本计量的金融资产

B. 委托贷款

C. 以公允价值计量且其变动计入其他综合收益的金融资产

D. 交易性金融资产

3. 下列各项中，可以计入当期损益的事项有（　）。

A. 以现金结算的股份支付形成的负债在结算前资产负债表日公允价值变动

B. 将分类为权益工具的金融工具重分类为金融负债时公允价值与账面价值的差额

C. 以摊余成本计量的金融资产重分类为以公允价值计量且其变动计入当期损益的金融资产时公允价值与原账面价值的差额

D. 自用房地产转换为以公允价值计量的投资性房地产，公允价值小于账面价值的差额

4. 甲公司于 2019 年 6 月 5 日从二级证券市场购买 A 公司股票 50 000 股，每股成交价为 9 元。6 月 30 日，该股票收盘价为 10 元，公司决定继续持有，但不超过 2019 年年底。下列有关甲公司 6 月 30 日的账务处理错误的有（　）。

A. 进行备忘登记，但不做任何账务处理

B. 借：交易性金融资产——公允价值变动　50 000
　　贷：公允价值变动损益　50 000

C. 借：交易性金融资产——公允价值变动　50 000
　　贷：投资收益　50 000

D. 借：应收股利　50 000
　　贷：投资收益　50 000

5. 企业在购入公司债券作为交易性金融资产时可能用到的借方科目有（　　）。

A. "交易性金融资产"　　B. "应收利息"

C. "财务费用"　　D. "投资收益"

6. 下列各项中，关于其他权益工具投资的会计处理表述正确的有（　　）。

A. 其他权益工具投资处置的净收益应计入当期损益

B. 其他权益工具投资持有期间取得的现金股利应冲减投资成本

C. 其他权益工具投资取得时发生的交易费用应计入初始投资成本

D. 其他权益工具投资持有期间的公允价值变动数应计入所有者权益

三、判断题

1. 计算债权投资利息收入所采用的实际利率，应当在取得该项投资时确定，且在该项投资预期存续期间或适用的更短期间内保持不变。（　　）

2. 对投资者而言，债券溢价是为以后多得利息而事先付出的代价。（　　）

3. 折价购入债券，在各期计提利息和摊销折价金额时，应按应计利息和摊销的折价金额的合计数作为投资收益。（　　）

4. 企业取得的拟在近期出售的股票投资应视为现金等价物。（　　）

5. 华南公司于2019年3月6日在上海证券交易所用存出投资款购入某股票100 000股，每股成交价8.2元（含已宣告尚未发放的2018年度现金股利每股0.20元），另支付相关税费2 000元。华南公司将该股票投资划分为交易性金融资产，则该交易性金融资产的入账价值为800 000元。（　　）

6. 对于以公允价值计量且其变动计入当期损益的金融资产，企业应将相关交易费用直接计入成本。（　　）

7. 如果取得交易性金融资产所支付的价款中包含已宣告尚未发放的现金股利或已到付息期但尚未领取的债券利息，应单独确认为应收项目，不构成交易性金融资产的成本。（　　）

8. 出售交易性金融资产发生的净损失应计入营业外支出。（　　）

9. "交易性金融资产"科目借方反映企业按账面价值取得交易性金融资产的金额以及资产负债表日交易性金融资产的公允价值高于其账面价值的差额。（　　）

10. 企业为取得交易性金融资产发生的交易费用应计入交易性金融资产的初始确认金额。（　　）

四、计算题

1. 甲公司债券投资的相关资料如下：

资料一：2015年1月1日，甲公司以银行存款2 030万元购入乙公司当日发行的面值总额为2 000万元的4年期公司债券，该债券的票面年利率为4.2%。

债券合同约定，未来4年，每年的利息在次年1月1日支付，本金于2019年1月1日一次性偿还，乙公司不能提前赎回该债券，甲公司将该债券投资划分为以摊余成本计量的金融资产。

资料二：甲公司在取得乙公司债券时，计算确定该债券投资的实际年利率为3.79%，甲公司在每年年末对债券投资的投资收益进行会计处理。

资料三：2017年1月1日，甲公司在收到乙公司债券上年利息后，将该债券全部出售，所得款项2 025万元收存银行。假定不考虑增值税等相关税费及其他因素。

要求：

(1) 编制甲公司2015年1月1日购入乙公司债券的相关会计分录。

(2) 计算甲公司2015年12月31日应确认的债券投资收益，并编制相关会计分录。

(3) 编制甲公司2016年1月1日收到乙公司债券利息的相关会计分录。

(4) 计算甲公司2016年12月31日应确认的债券投资收益，并编制相关会计分录。

(5) 编制甲公司2017年1月1日出售乙公司债券的相关会计分录。

（“债权投资”科目应写出必要的明细科目；答案中的金额单位用万元表示。）

2. 甲公司2017年度至2019年度对乙公司债券投资业务的相关资料如下：

(1) 2017年1月1日，甲公司以银行存款900万元购入乙公司当日发行的5年期公司债券，作为债权投资核算，该债券面值总额为1 000万元，票面年利率为5%，每年年末支付利息，到期一次偿还本金，但不得提前赎回。甲公司该债券投资的实际年利率为7.47%。

(2) 2017年12月31日，甲公司收到乙公司支付的债券利息50万元。当日，该债券投资不存在减值迹象。

(3) 2018年12月31日，甲公司收到乙公司支付的债券利息50万元。当日，甲公司获悉乙公司发生财务困难，对该债券投资进行了减值测试，预计该债券投资未来现金流量的现值为800万元。

(4) 2019年1月1日，甲公司以801万元的价格全部售出所持有的乙公司债券，款项已收存银行。

假定甲公司的债权投资全部为对乙公司的债券投资。除上述材料外，不考虑其他因素。

要求：

(1) 计算甲公司2017年度债权投资的投资收益。

(2) 计算甲公司2018年度债权投资的减值损失。

(3) 计算甲公司2019年1月1日出售债权投资的损益。

（4）根据资料（1）～（4），逐笔编制甲公司债权投资相关的会计分录。

（"债权投资"科目要求写出必要的明细科目；答案中的金额单位用万元表示。）

3. 2019年3月至5月，甲上市公司发生的交易性金融资产业务如下：

（1）3月1日，向D证券公司划出投资款1 000万元，款项已通过开户行转入D证券公司银行账户。

（2）3月2日，委托D证券公司购入A上市公司股票100万股，每股8元，另发生相关的交易费用2万元，并将该股票划分为交易性金融资产。

（3）3月31日，该股票在证券交易所的收盘价格为每股7.70元。

（4）4月30日，该股票在证券交易所的收盘价格为每股8.10元。

（5）5月10日，将所持有的该股票全部出售，所得价款825万元，已存入银行。假定不考虑相关税费。

要求：逐笔编制甲上市公司上述业务的会计分录。

（会计科目要求写出明细科目；答案中的金额单位用万元表示。）

4. 甲公司为境内上市公司，其2×15年度财务报告于2×16年3月20日经董事会批准对外报出。2×15年，甲公司发生的部分交易或事项以及相关的会计处理的如下：

2×15年12月20日，因流动资金短缺，甲公司将持有的以摊余成本计量的丁公司债券出售30%，出售所得价款2 700万元已通过银行收取。同时，将所持丁公司债券的剩余部分重分类为交易性金融资产，并计划于2×16年年初出售。该债权投资于出售30%之前的账面摊余成本为8 500万元，未计提减值准备。预计剩余债券的公允价值为6 400万元。甲公司的会计处理如下（金额单位用万元表示）：

借：银行存款　　2 700

　　交易性金融资产　　6 400

　贷：债权投资　　8 500

　　　投资收益　　600

要求：判断甲公司对该项业务的会计处理是否正确并说明理由。如不正确，请写出相应的更正分录。

5. 为提高闲置资金的使用率，甲公司20×8年度进行了以下投资：

（1）4月10日，购买丙公司首次发行的股票100万股，共支付价款800万元。甲公司取得丙公司股票后，对丙公司不具有控制、共同控制或重大影响，丙公司股票的限售期为1年，甲公司取得丙公司股票时没有将其直接指定为以公允价值计量且其变动计入当期损益的金融资产，也没有随时出售丙公司股票的计划。

(2) 12月31日，丙公司股票的公允价值为每股12元。

要求：判断甲公司取得丙公司股票时应划分的金融资产类别，说明理由，并编制甲公司20×8年12月31日确认所持有丙公司股票公允价值变动的会计分录。

6. 甲公司20×7年、20×8年发生如下业务：

(1) 20×7年1月1日，以银行存款2 600万元购买丙公司2%的股权，持有时将其指定为以公允价值计量且其变动计入其他综合收益的金融资产，至20×7年12月31日，该项股权的公允价值为2 800万元，当日丙公司宣告当年分配现金股利500万元。20×8年1月1日，甲公司收到该现金股利。20×8年12月31日，该项股权的公允价值为3 200万元。

(2) 20×7年7月1日，以银行存款2 200万元购买丁公司10%的股权，取得股权时另发生的交易费用为1万元，将其划分为以公允价值计量且其变动计入当期损益的金融资产。20×7年12月31日，该项股权的公允价值为2 700万元。20×8年12月31日，该股权的公允价值为2 400万元。

(3) 20×9年4月1日，甲公司将对丙公司的股权进行出售，取得价款3 300万元。同时将对丁公司的股权进行处置，取得价款2 450万元。

要求：

(1) 编制甲公司取得丙公司股权至处置时的会计分录。

(2) 编制甲公司取得丁公司股权至处置时的会计分录。

(3) 计算因甲公司处置对丙、丁公司的股权对20×9年当年净利润及所有者权益的影响金额。

参考答案

一、单项选择题

1. C	2. B	3. D	4. C	5. D
6. C	7. B	8. C	9. C	10. B
11. C	12. A	13. B	14. D	15. A
16. D	17. C	18. A	19. C	20. B
21. C	22. C	23. C	24. A	25. B

二、多项选择题

1. ABC	2. ABC	3. ACD	4. ACD	5. ABD
6. CD				

三、判断题

1. √	2. √	3. √	4. ×	5. √
6. ×	7. √	8. ×	9. √	10. ×

四、计算题

1.（1）2015年1月1日，购入乙公司债券。

借：债权投资——成本　　2 000

　　　　　　——利息调整　　30

　贷：银行存款　　2 030

(2) 2015年12月31日应确认的债券投资收益＝2 030×3.79%＝76.94(万元)

相关会计分录为：

借：应收利息（2 000×4.2%）　　84.00

　贷：投资收益　　76.94

　　　债权投资——利息调整　　7.06

(3) 2016年1月1日，收到乙公司债券利息。

借：银行存款　　84

　贷：应收利息　　84

(4) 2016年12月31日应确认的债券投资收益＝(2 030－7.06)×3.79%＝76.67(万元)

相关会计分录为：

借：应收利息　　84.00

　贷：投资收益　　76.67

　　　债权投资——利息调整　　7.33

(5) 2017年1月1日，出售乙公司债券。

借：银行存款　　84

　贷：应收利息　　84

借：银行存款　　2 025.00

　贷：债权投资——成本　　2 000.00

　　　　　　　——利息调整（30－7.06－7.33）　　15.61

　　　投资收益　　9.39

2.（1）甲公司2017年度债权投资的投资收益＝900×7.47%＝67.23(万元)

(2) 甲公司2017年12月31日债权投资的摊余成本＝900×(1+7.47%)－1 000×5%

＝917.23(万元)

甲公司2018年12月31日债权投资未减值前的摊余成本＝917.23×(1+7.47%)－1 000×5%

＝935.75(万元)

甲公司2018年度债权投资的减值损失＝935.75－800＝135.75(万元)

(3) 甲公司 2019 年 1 月 1 日出售债权投资的损益＝801－800＝1(万元)

(4) 甲公司债权投资相关的会计分录如下：

1) 2017 年 1 月 1 日，购入乙公司债券。

借：债权投资——成本　1 000

　　贷：银行存款　900

　　　　债权投资——利息调整　100

2) 2017 年 12 月 31 日，收到乙公司支付的债券利息。

借：应收利息　50.00

　　债权投资——利息调整　17.23

　　贷：投资收益　67.23

借：银行存款　50

　　贷：应收利息　50

3) 2018 年 12 月 31 日，收到乙公司支付的债券利息，并计提减值损失。

借：应收利息　50.00

　　债权投资——利息调整　18.52

　　贷：投资收益　68.52

借：银行存款　50

　　贷：应收利息　50

借：资产减值损失　135.75

　　贷：债权投资减值准备　135.75

4) 2019 年 1 月 1 日，全部出售乙公司债券。

借：银行存款　801.00

　　债权投资减值准备　135.75

　　债权投资——利息调整　64.25

　　贷：债权投资——成本　1 000.00

　　　　投资收益　1 000.00

3. (1) 借：其他货币资金——存出投资款　1 000

　　　　贷：银行存款　1 000

(2) 借：交易性金融资产——成本　800

　　　　投资收益　2

　　贷：其他货币资金——存出投资款　802

(3) 借：公允价值变动损益（800－100×7.70）　30

　　贷：交易性金融资产——公允价值变动　30

(4) 借：交易性金融资产——公允价值变动（8.10×100－7.70×100）　40

　　贷：公允价值变动损益　40

（5）借：银行存款 825

贷：交易性金融资产——成本 825

4. 该项会计处理不正确。

理由：债权投资重分类为交易性金融资产时，应以重分类日的公允价值计量，原账面价值与公允价值之间的差额计入当期损益。

借：投资收益 450

贷：公允价值变动损益（6 400－8 500×70%） 450

5. 甲公司取得丙公司股票时应该将其划分为其他权益工具投资。甲公司20×8年12月31日确认所持有丙公司股票公允价值变动的会计分录为：

借：其他权益工具投资——公允价值变动（12×100－800） 400

贷：资本公积——其他综合收益 400

6. 甲公司取得丙公司股权至处置时的会计分录如下：

1）取得时。

借：其他权益工具投资——成本 2 600

贷：银行存款 2 600

20×7年确认公允价值变动的增加额＝2 800－2 600＝200(万元)

借：其他权益工具投资——公允价值变动 200

贷：其他综合收益 200

2）确认现金股利收入时。

借：应收股利 10

贷：投资收益 10

3）收到现金股利时。

借：银行存款 10

贷：应收股利 10

4）确认公允价值变动额。

20×8年应确认公允价值变动的增加额＝3 200－2 800＝400(万元)

借：其他权益工具投资——公允价值变动 400

贷：其他综合收益 400

5）处置时。

因处置丙公司股权确认的盈余公积＝(3 300－3 200＋200＋400)×10%
＝70(万元)

确认的“利润分配——未分配利润”＝(3 300－3 200＋200＋400)×90%
＝630(万元)

借：银行存款 3 300

其他综合收益 600

贷：其他权益工具投资——成本 2 600

——公允价值变动 600

盈余公积 70

利润分配——未分配利润 630

（2）甲公司取得丁公司股权至处置时的会计分录如下：

1）取得时。

借：交易性金融资产——成本 2 200

投资收益 1

贷：银行存款 2 201

2）确认20×7年公允价值变动额。

20×7年年末确认公允价值变动的增加额＝2 700－2 200＝500(万元)

借：交易性金融资产——公允价值变动 500

贷：公允价值变动损益 500

3）确认20×8年公允价值变动额。

20×8年年末确认公允价值变动的增加额＝2 400－2 700＝－300(万元)

借：公允价值变动损益 300

贷：交易性金融资产——公允价值变动 300

4）处置时。

借：银行存款 2 450

贷：交易性金融资产——成本 2 200

——公允价值变动 200

投资收益 50

借：公允价值变动损益 200

贷：投资收益 200

（3）企业处置对丙公司股权不影响20×9年的净利润，增加20×9年盈余公积的金额＝(3 300－3 200＋200＋400)×10％＝70万元，增加20×9年利润分配（未分配利润）的金额＝(3 300－3 200＋200＋400)×90％＝630万元，即增加20×9年12月31日所有者权益700万元（70＋630）。

企业处置对丁公司股权，增加20×9年净利润50万元（2 450－2 400），不直接影响20×9年的所有者权益，年末因利润归集增加盈余公积的金额＝50×10％＝5万元，增加利润分配（未分配利润）的金额＝50×90％＝45万元，即增加20×9年12月31日所有者权益50万元（5＋45）。

教材习题解答

一、思考题

1. 什么是金融资产？我国现行会计准则是如何对金融资产进行分类的？

金融资产是指企业持有的现金、其他方的权益工具、从其他方收取现金或其他金融资产的合同权利，以及在潜在有利条件下与其他方交换金融资产或金融负债的合同权利等。主要包括：库存现金、银行存款、应收账款、应收票据、其他应收款、股权投资、债权投资、衍生工具形成的资产等。初始确认时，企业应当根据其管理金融资产的业务模式和金融资产的合同现金流量特征，将金融资产划分为以下三类：(1) 以摊余成本计量的金融资产；(2) 以公允价值计量且其变动计入其他综合收益的金融资产；(3) 以公允价值计量且其变动计入当期损益的金融资产。

2. 什么是公允价值？你对现行会计实务中用公允价值计量的资产有何评价？

公允价值是指市场参与者在计量日转让资产所能收到或转移负债所需支付的价格，是一种脱手价格。评价略。

3. 什么是债权投资？如何确定一项债权投资的实际利率？

债权投资是指为取得债权而进行的投资，如购买公司债券、国库券等。债权投资是以摊余成本计量的金融资产。金融资产同时符合下列条件的，应当分类为以摊余成本计量的金融资产：(1) 企业管理该金融资产的业务模式是以收取合同现金流量为目标；(2) 该金融资产的合同条款规定，在特定日期产生的现金流量仅为对本金和以未偿付本金金额为基础的利息的支付。实际利率是会计准则中的专用术语，指某个特定的报酬率，使用该报酬率，可以使某项活动的未来现金流入的现值恰好等于其未来现金流出的现值。可使用插值法计算实际利率。

4. 什么是摊余成本？如何计算一项投资的期末摊余成本？

摊余成本是指用实际利率（此处指同期市场利率）作计算利息的基础，投资成本减去利息后的金额。在计算摊余成本时，需先扣除已偿还的本金，再加上（或减去）采用实际利率法将该初始确认金额与到期日金额之间的差额进行摊销形成的累计摊销额，最后扣除已发生的减值损失。期末的摊余成本＝初始确认金额－已偿还的本金±累计摊销额－已发生的减值损失。摊余成本实际上是某个时点上未来现金流量的折现值。

5. 什么是其他债权投资？其他债权投资的后续计量有何特点？

其他债权投资是指以公允价值计量且其变动计入其他综合收益的债权类投

资，换言之，其他债权投资属于以公允价值计量且其变动计入其他综合收益的金融资产。金融资产同时符合下列条件的，应当分类为以公允价值计量且其变动计入其他综合收益的金融资产：（1）企业管理该金融资产的业务模式既以收取合同现金流量为目标又以出售该金融资产为目标；（2）该金融资产的合同条款规定，在特定日期产生的现金流量仅为对本金和以未偿付本金金额为基础的利息的支付。其他债权投资后续计量时，其公允价值与账面余额的差额，借记或贷记"其他债权投资——公允价值变动"科目，同时，贷记或借记"其他综合收益"科目。出售时，将其他债权投资公允价值变动确认的其他综合收益转出，借记或贷记"其他综合收益"科目，贷记或借记"投资收益"科目。

6. 什么是其他权益工具投资？其他权益工具投资的后续计量有何特点？

其他权益工具投资是指以公允价值计量且其变动计入其他综合收益的权益工具类投资，换言之，其他权益工具投资属于以公允价值计量且其变动计入其他综合收益的金融资产。现行准则规定，在初始确认时，企业可以将非交易性权益工具投资指定为以公允价值计量且其变动计入其他综合收益的金融资产，并按规定确认股利收入。该指定一经做出，不得撤销。初始确认时，企业可将非交易性权益工具投资指定为以公允价值计量且其变动计入其他综合收益的金融资产，其公允价值的后续变动计入其他综合收益。除了持有期间的股利收入计入当期损益外，其他相关的利得和损失均计入其他综合收益，且后续不得转入当期损益。当权益工具投资终止确认时，之前计入其他综合收益的累计利得或损失应当从其他综合收益中转出，计入留存收益。

7. 什么是交易性金融资产？交易性金融资产的后续计量有何特点？

交易性金融资产是指企业持有的以短期获利为目的，从二级市场购入的股票、债券、基金等，交易性金融资产是以公允价值计量且其变动计入当期损益的金融资产。从企业管理金融资产的业务模式和金融资产的合同现金流量特征来看，以摊余成本计量的金融资产和以公允价值计量且其变动计入其他综合收益的金融资产之外的金融资产，企业应当将其分类为以公允价值计量且其变动计入当期损益的金融资产。后续计量中，交易性金融资产的公允价值与其账面余额的差额，借记或贷记"交易性金融资产——公允价值变动"科目，同时，贷记或借记"公允价值变动损益"科目。企业出售交易性金融资产，应按实际收到的金额，借记"银行存款"科目，按交易性金融资产的账面余额，贷记"交易性金融资产——成本"科目，借记或贷记"交易性金融资产——公允价值变动"科目，差额贷记或借记"投资收益"科目。同时，将原计入该金融资产的公允价值变动损益转出，借记或贷记"公允价值变动损益"科目，贷记或借记"投资收益"

科目。

二、练习题

1. 编制甲公司与债券投资相关的会计分录。

（1）购入债券时。

借：债权投资——成本　　1 100 000

　贷：债权投资——利息调整　　150 000

　　　银行存款　　950 000

（2）第一年年末。

投资收益＝950 000×6.96%＝66 120(元)

摊余成本＝950 000＋(66 120－40 000)＝976 120(元)

借：应收利息　　40 000

　　债权投资——利息调整　　26 120

　贷：投资收益　　66 120

（3）第二年年末。

投资收益＝976 120×6.96%＝67 938(元)

摊余成本＝976 120＋(67 938－40 000)＝1 004 058(元)

借：应收利息　　40 000

　　债权投资——利息调整　　27 938

　贷：投资收益　　67 938

（4）第三年年末。

投资收益＝1 004 058×6.96%＝69 882(元)

摊余成本＝1 004 058＋(69 882－40 000)＝1 033 940(元)

借：应收利息　　40 000

　　债权投资——利息调整　　29 882

　贷：投资收益　　69 882

（5）第四年年末。

投资收益＝1 033 940×6.96%＝71 962(元)

摊余成本＝1 033 940＋(71 962－40 000)＝1 065 902(元)

借：应收利息　　40 000

　　债权投资——利息调整　　31 962

　贷：投资收益　　71 962

（6）第五年年末。

投资收益＝1 065 902×6.96%＝74 098(元)(含尾数调整)

摊余成本＝1 065 902＋(74 098－40 000)＝1 100 000(元)

借：应收利息　40 000
　　债权投资——利息调整　34 098
　贷：投资收益　74 098

借：银行存款　1 100 000
　贷：债权投资——成本　1 100 000

2. 编制乙公司与股票投资相关的会计分录。

(1) 初始确认。

借：其他权益工具投资——成本　15 030 000
　贷：银行存款　15 030 000

(2) 2×17 年 12 月 31 日。

借：其他权益工具投资——公允价值变动　970 000
　贷：其他综合收益　970 000

(3) 2×18 年 2 月 1 日。

借：银行存款　12 970 000
　　其他综合收益　970 000
　　盈余公积　206 000
　　利润分配——未分配利润　1 854 000
　贷：其他权益工具投资——成本　15 030 000
　　　　　　　　　　　——公允价值变动　970 000

3. 编制丙公司与债券投资相关的会计分录（金额以万元为单位）。

(1) 2×17 年 1 月 1 日。

借：其他债权投资——成本　1 000
　　　　　　　——利息调整　100
　贷：银行存款　1 100

(2) 2×17 年 12 月 31 日。

借：应收利息　100.00
　贷：投资收益　70.40
　　　其他债权投资——利息调整　29.60

借：其他债权投资——公允价值变动　129.60
　贷：其他综合收益——其他债权投资公允价值变动　129.60

借：银行存款　955.00
　　投资收益　5.00
　贷：其他债权投资——成本　800.00

——利息调整　56.32

——公允价值变动　103.68

借：其他综合收益——其他债权投资公允价值变动　103.68

贷：投资收益　103.68

4. 编制丁公司与债券投资相关的会计分录（金额以万元为单位）。

（1）2×17年1月1日。

借：交易性金融资产——成本　1 000 000

应收利息　40 000

投资收益　5 000

贷：银行存款　1 045 000

（2）2×17年1月5日。

借：银行存款　40 000

贷：应收利息　40 000

（3）2×17年12月31日。

借：交易性金融资产——公允价值变动　60 000

贷：公允价值变动损益　60 000

（4）2×18年1月5日。

借：银行存款　40 000

贷：投资收益　40 000

（5）2×18年4月20日。

借：银行存款　1 080 000

贷：交易性金融资产——成本　1 000 000

——公允价值变动　60 000

投资收益　20 000

借：公允价值变动损益　60 000

贷：投资收益　60 000

第6章 长期股权投资

Chapter 6

学习目标

本章主要讲解长期股权投资的内容及其会计核算，长期股权投资包括对子公司投资、对合营企业投资和对联营企业投资。通过本章的学习，同学们应当能够根据投资企业对被投资企业控制和影响的程度，判断长期股权投资属于哪一类投资，还应熟练掌握长期股权投资初始计量、后续计量和处置时的会计处理。

学习指导

一、学习重点

1. 深入理解控制、共同控制和重大影响的含义，掌握投资企业对被投资企业所施加控制和影响的程度，能够判断长期股权投资的类型。

2. 了解长期股权投资的取得方式，对子公司投资属于企业合并形成的长期股权投资，对合营企业和联营企业的投资属于非企业合并形成的长期股权投资。

3. 长期股权投资的后续计量区分成本法和权益法，同学们应当关注不同类型的长期股权投资后续计量的会计处理方法。

4. 长期股权投资减值和处置的会计处理。

二、学习难点

对于非会计专业的初学者，本章学习的难点在于长期股权投资的会计处理，包括初始成本的确认和后续计量。在初始计量中要对比掌握同一控制下与非同一控制下长期股权投资核算的差异；后续计量中，要区分成本法和权益法的适用范围，成本法仅适用于对子公司投资。

练习题

一、单项选择题

1. 20×4年2月1日，甲公司以增发1 000万股普通股和一台设备为对价，取得乙公司25%的股权。普通股面值为每股1元，公允价值为每股10元。为发行股份支付佣金和手续费400万元。设备账面价值为1 000万元，公允价值为1 200万元，当日乙公司可辨认净资产公允价值40 000万元。投资后甲公司能够对乙公司施加重大影响，不考虑其他因素，甲公司该项长期股权投资的初始投资成本为（　　）万元。

A. 10 000　　B. 10 400　　C. 11 600　　D. 11 200

2. 20×8年1月5日，甲公司支付价款2 000万元购入乙公司30%的股份，准备长期持有，另支付相关税费20万元，购入时乙公司可辨认净资产公允价值为12 000万元。甲公司取得投资后对乙公司具有重大影响。假定不考虑其他因素，甲公司因确认投资而影响利润的金额为（　　）万元。

A. －20　　B. 0　　C. 1 580　　D. 1 600

3. 20×7年3月20日，甲公司合并乙企业，该项合并属于同一控制下的企业合并。合并中，甲公司发行本公司普通股1 000万股（每股面值1元，市价为2.1元），作为对价取得乙企业60%的股权。合并日，乙企业的净资产账面价值为3 200万元，公允价值为3 500万元。假定合并前双方采用的会计政策及会计期间均相同。不考虑其他因素，甲公司对乙企业长期股权投资的初始投资成本为（　　）万元。

A. 1 920　　B. 2 100　　C. 3 200　　D. 3 500

4. 采用成本法核算长期股权投资，被投资单位宣告发放现金股利时，投资企业应按所持股份额（　　）。

A. 冲减投资收益　　B. 增加投资收益

C. 冲减长期股权投资　　D. 增加长期股权投资

5. 20×8年3月20日，甲公司以银行存款1 000万元及一项土地使用权取得其母公司控制的乙公司80%的股权，并于当日起能够对乙公司实施控制。合并日，该土地使用权的账面价值为3 200万元，公允价值为4 000万元；乙公司净资产的账面价值为6 000万元，公允价值为6 250万元。假定甲公司与乙公司的会计年度和采用的会计政策相同，不考虑其他因素，甲公司的下列会计处理中，正确的是（　　）。

A. 确认长期股权投资5 000万元，不确认资本公积

B. 确认长期股权投资5 000万元，确认资本公积800万元

C. 确认长期股权投资4 800万元，确认资本公积600万元

D. 确认长期股权投资 4 800 万元，冲减资本公积 200 万元

6. 甲公司以定向增发股票的方式购买同一集团内另一企业持有的 A 公司 80%的股权。为取得该股权，甲公司增发 2 000 万股普通股，每股面值为 1 元，公允价值为 5 元；支付承销商佣金 50 万元。取得该股权时，A 公司净资产账面价值为 9 000 万元，公允价值为 12 000 万元。假定甲公司和 A 公司采用的会计政策相同，甲公司取得该股权时应确认的资本公积为（　　）万元。

A. 5 150　　C. 7 550　　B. 5 200　　D. 7 600

7. 甲公司 20×8 年度发生的有关交易或事项如下：1 月 1 日，与乙公司签订股权转让协议，以发行权益性证券方式取得乙公司持有的丙公司 80%的股权。购买日，甲公司所发行权益性证券的公允价值为 12 000 万元，丙公司可辨认净资产账面价值为13 000万元，公允价值为 16 000 万元。购买日前，甲公司、乙公司不存在关联方关系。购买日，丙公司有一项正在开发并符合资本化条件的生产工艺专有技术，已资本化金额为 560 万元，公允价值为 650 万元。甲公司取得丙公司 80%的股权后，丙公司继续开发该项目，购买日至年末发生开发支出 1 000 万元。该项目年末仍在开发中。下列各项关于甲公司对取得丙公司股权会计处理的表述中，正确的是（　　）。

A. 取得丙公司股权作为同一控制下的企业合并处理

B. 对丙公司长期股权投资的初始投资成本按 12 000 万元计量

C. 在购买日合并财务报表中合并取得的无形资产按 560 万元计量

D. 合并成本大于购买日丙公司可辨认净资产账面价值份额的差额确认为商誉

8. 2×10 年 1 月 1 日，甲公司以 1 600 万元购入乙公司 30%的股份，另支付相关费用 8 万元，采用权益法核算。取得投资时，乙公司可辨认净资产账面价值为 5 000 万元（与公允价值相同）。乙公司 2×10 年实现净利润 300 万元。假定不考虑其他因素，甲公司该长期股权投资 2×10 年 12 月 31 日的账面余额为（　　）万元。

A. 1 590　　B. 1 598　　C. 1 608　　D. 1 698

9. 2×15 年 1 月 1 日，甲公司以银行存款 2 500 万元取得乙公司 20%有表决权的股份，对乙公司具有重大影响，采用权益法核算；乙公司当日可辨认净资产的账面价值为 12 000 万元，各项可辨认资产、负债的公允价值与其账面价值均相同。乙公司 2×15 年实现的净利润为 1 000 万元。不考虑其他因素，2×15 年 12 月 31 日，甲公司该项投资在资产负债表中应列示的年末余额为（　　）万元。

A. 2 500　　B. 2 400　　C. 2 600　　D. 2 700

10. 权益法下核算的长期股权投资，会导致投资企业投资收益发生增减变动

的是（　　）。

A. 被投资单位实现净利润

B. 被投资单位提取盈余公积

C. 收到被投资单位分配的现金股利

D. 收到被投资单位分配的股票股利

11. 下列各项中，影响长期股权投资账面价值增减变动的是（　　）。

A. 采用权益法核算的长期股权投资，持有期间被投资单位宣告分派股票股利

B. 采用权益法核算的长期股权投资，持有期间被投资单位宣告分派现金股利

C. 采用成本法核算的长期股权投资，持有期间被投资单位宣告分派股票股利

D. 采用成本法核算的长期股权投资，持有期间被投资单位宣告分派现金股利

12. 企业采用权益法核算，其长期股权投资的初始投资成本小于投资时应享有被投资单位可辨认净资产公允价值份额的，应按其差额，借记“长期股权投资——成本”科目，贷记（　　）科目。

A. “营业外收入”　　B. “资本公积”

C. “管理费用”　　D. “投资收益”

13. 20×7年1月2日，甲公司以货币资金取得乙公司30%的股权，初始投资成本为2 000万元，投资时乙公司各项可辨认资产、负债的公允价值与其账面价值相同，可辨认净资产公允价值及账面价值的总额均为7 000万元，甲公司取得投资后即派人参与乙公司生产经营决策，但无法对乙公司实施控制。乙公司20×7年实现净利润500万元。假定不考虑所得税因素，该项投资对甲公司20×7年度损益的影响金额为（　　）万元。

A. 50　　B. 100　　C. 150　　D. 250

14. 20×7年1月1日，甲公司以3 000万元的价格购入乙公司30%的股份，另支付相关费用15万元。购入时乙公司可辨认净资产公允价值为11 000万元（假定乙公司各项可辨认资产、负债的公允价值与账面价值相等）。乙公司20×7年实现净利润600万元。甲公司取得该项投资后对乙公司具有重大影响。假定不考虑其他因素，该投资对甲公司20×7年度利润总额的影响为（　　）万元。

A. 165　　B. 180　　C. 465　　D. 480

15. 甲公司于20×6年取得乙公司40%的股权，实际支付的价款为3 500万元，投资时乙公司可辨认净资产公允价值为8 000万元（各项可辨认资产、负债的公允价值与账面价值相同）。甲公司能够对乙公司施加重大影响。

甲公司投资后至20×7年年末，乙公司累计实现净利润1 000万元，未作利

润分配；因其他债权投资公允价值变动增加其他综合收益50万元。

乙公司20×8年实现净利润800万元，其中包括因向甲公司借款而计入当期损益的利息费用80万元。

下列各项关于甲公司对乙公司长期股权投资会计处理的表述中，正确的是（　　）。

A. 对乙公司长期股权投资采用成本法核算

B. 对乙公司长期股权投资的初始投资成本按3 200万元计量

C. 取得成本与投资时应享有乙公司可辨认净资产公允价值份额之间的差额计入当期损益

D. 投资后因乙公司其他综合收益变动调整对乙公司长期股权投资账面价值并计入所有者权益

16. 下列各项资产减值准备中，在相应资产的持有期间内可以转回的是（　　）。

A. 固定资产减值准备　　B. 债权投资减值准备

C. 商誉减值准备　　D. 长期股权投资减值准备

17. 2×17年5月10日，甲公司将其持有的一项以权益法核算的长期股权投资全部出售，取得价款1 200万元，当日办妥相关手续。出售时，该项长期股权投资的账面价值为1 100万元，其中，投资成本为700万元，损益调整为300万元，可重分类进损益的其他综合收益为100万元，不考虑增值税等相关税费及其他因素。甲公司处置该项股权投资应确认的投资收益为（　　）万元。

A. 100　　B. 500　　C. 200　　D. 400

二、多项选择题

1. 甲公司为境内上市的非投资性主体，其持有其他企业股权或权益的情况如下：(1) 持有乙公司30%的股权并能对其施加重大影响；(2) 持有丙公司50%的股权并能与丙公司的另一投资方共同控制丙公司；(3) 持有丁公司5%的股权且对丁公司不具有控制、共同控制和重大影响；(4) 持有戊公司结构化主体的权益并能对其施加重大影响。下列各项关于甲公司持有其他企业股权或权益会计处理的表述中，正确的有（　　）。

A. 甲公司对丙公司的投资采用成本法进行后续计量

B. 甲公司对乙公司的投资采用权益法进行后续计量

C. 甲公司对戊公司的投资采用公允价值进行后续计量

D. 甲公司对丁公司的投资采用公允价值进行后续计量

2. 下列关于长期股权投资会计处理的表述中，正确的有（　　）。

A. 对子公司长期股权投资应采用成本法核算

B. 处置长期股权投资时应结转其已计提的减值准备

C. 成本法下，按被投资单位实现净利润应享有的份额确认投资收益

D. 成本法下，按被投资单位宣告发放现金股利应享有的份额确认投资收益

3. 长期股权投资包括（　　）。

A. 对子公司的投资

B. 对合营企业的投资

C. 对联营企业的投资

D. 投资企业对被投资单位不具有控制、共同控制和重大影响，并且在活跃市场中有报价、公允价值能够可靠计量的权益性投资

4. 投资企业拥有被投资单位股份比例不同，对被投资单位的影响程度也不同，在会计核算上应根据不同的情况，分别采用（　　）核算。

A. 进价法　　B. 销价法　　C. 成本法　　D. 权益法

5. 下列各项中，能够引起权益法核算的长期股权投资账面价值发生变动的有（　　）。

A. 被投资单位实现净利润

B. 被投资单位宣告发放股票股利

C. 被投资单位宣告发放现金股利

D. 被投资单位除净损益外的其他所有者权益变动

6. 长期股权投资采用权益法核算的，下列各项中，属于投资企业确认投资收益应考虑的因素有（　　）。

A. 被投资单位实现净利润

B. 被投资单位资本公积增加

C. 被投资单位宣告分派现金股利

D. 投资企业与被投资单位之间的未实现内部交易损益

7. 甲公司20×3年1月2日取得乙公司30%的股权，并与其他投资方共同控制乙公司，甲公司、乙公司20×3年发生的下列交易或事项中，会对甲公司20×3年个别财务报表中确认对乙公司投资收益产生影响的有（　　）。

A. 乙公司股东大会通过发放股票股利的议案

B. 甲公司将成本为50万元的产品以80万元出售给乙公司作为固定资产

C. 投资时甲公司投资成本小于应享有乙公司可辨认净资产公允价值的份额

D. 乙公司将账面价值200万元的专利权作价360万元出售给甲公司作为无形资产

8. 2×17年1月1日，甲公司长期股权投资账面价值为2 000万元。当日，甲公司将持有的乙公司80%股权中的一半以1 200万元出售给非关联方，剩余对乙公司的股权投资具有重大影响。甲公司原取得乙公司80%的股权时，乙公司可辨认净资产账面价值为2 500万元，各项可辨认资产、负债的公允价值与账面

价值相同。自甲公司取得乙公司股权投资至处置投资日，乙公司实现净利润 1 500 万元，增加其他综合收益 300 万元。假定不考虑增值税等相关税费及其他因素。下列关于 2×17 年 1 月 1 日甲公司个别财务报表中对长期股权投资会计处理的表述中，正确的有（ ）。

A. 增加盈余公积 60 万元

B. 增加未分配利润 540 万元

C. 增加投资收益 320 万元

D. 增加其他综合收益 120 万元

三、判断题

1. 凡是持有时间超过一年的原短期股票投资，都应转入“长期股权投资”账户核算。（ ）

2. 长期股权投资采用成本法核算，因被投资单位除净损益以外的所有者权益其他变动，投资企业应按其享有份额增加或减少资本公积。（ ）

3. 采用成本法核算长期投资时，长期股权投资的账面价值在任何情况下都不发生变化。（ ）

4. 采用权益法核算长期投资时，合同没有规定投资期限的，初始投资成本超过应享有被投资单位所有者权益份额之间的差额，按不低于 10 年的期限摊销。（ ）

5. 企业持有的长期股权投资发生减值的，减值损失一经确认，即使以后期间价值得以回升，也不得转回。（ ）

6. 采用权益法核算的长期股权投资，其初始投资成本大于投资时应享有被投资单位可辨认净资产公允价值份额的，应调整已确认的初始投资成本。（ ）

四、计算题

1. 甲公司为上市公司，20×8 年、20×9 年与长期股权投资业务有关的资料如下：

(1) 20×8 年有关资料。

1）1 月 1 日，甲公司以银行存款 4 000 万元和公允价值为 3 000 万元的专利技术（成本为 3 200 万元，累计摊销为 640 万元）从乙公司其他股东受让取得该公司 15%的有表决权股份，对乙公司不具有重大影响，作为长期股权投资核算。乙公司股份在活跃市场中无报价，且公允价值不能可靠计量。此前，甲公司与乙公司及其股东之间不存在关联方关系。

当日，乙公司可辨认净资产公允价值和账面价值均为 40 000 万元。

2）2 月 25 日，乙公司宣告分派上年度现金股利 4 000 万元；3 月 1 日，甲公司收到乙公司分派的现金股利，款项存入银行。

3）乙公司 20×8 年实现净利润 4 700 万元。

（2）20×9 年有关资料。

1）1月1日，甲公司以银行存款 4 500 万元从乙公司其他股东受让取得该公司 10%的股份，并向乙公司派出一名董事。

当日，乙公司可辨认净资产公允价值为 40 860 万元；X 存货的账面价值和公允价值分别为 1 200 万元和 1 360 万元；其他资产、负债的公允价值与账面价值相同。

2）3月28日，乙公司宣告分派上年度现金股利 3 800 万元；4月1日，甲公司收到乙公司分派的现金股利，款项存入银行。

3）12月31日，乙公司持有的其他权益工具投资公允价值增加 200 万元，乙公司已将其计入资本公积。

4）至12月31日，乙公司在1月1日持有的 X 存货已有 50%对外出售。

5）乙公司 20×9 年实现净利润 5 000 万元。

其他相关资料：甲公司与乙公司采用的会计期间和会计政策相同；均按净利润的 10%提取法定盈余公积；甲公司对乙公司的长期股权投资在 20×8 年年末和 20×9 年年末均未出现减值迹象；不考虑所得税等其他因素。

要求：

（1）分别指出甲公司 20×8 年和 20×9 年对乙公司长期股权投资应采用的核算方法。

（2）编制甲公司 20×8 年与长期股权投资业务有关的会计分录。

（3）编制甲公司 20×9 年与长期股权投资业务有关的会计分录。

（答案中的金额单位用万元表示。）

2. 甲公司为生产加工企业，其在 20×6 年发生了以下与股权投资相关的交易：

（1）甲公司以前年度取得乙公司 30%的股权，采用权益法核算。20×6 年 1 月 1 日，甲公司自 A 公司（非关联方）购买乙公司 60%的股权并取得控制权，购买价款为 3 000 万元，发生合并直接费用 100 万元。20×6 年 1 月 1 日，甲公司持有乙公司 30%长期股权投资的账面价值为 600 万元（长期股权投资账面价值调整全部为乙公司实现利润）；当日，乙公司可辨认净资产账面价值为 2 000 万元，可辨认净资产公允价值为 3 000 万元，乙公司 100%股权的公允价值为 5 000 万元，30%股权的公允价值为 1 500 万元，60%股权的公允价值为 3 000 万元。

（2）20×6 年 6 月 20 日，乙公司提取盈余公积 10 万元，分配现金股利 90 万元，以未分配利润 200 万元转增股本。

（3）20×6 年 1 月 1 日，甲公司与 B 公司出资设立丙公司。丙公司的注册资本是 2 000 万元，其中甲公司占 50%。甲公司以公允价值为 1 000 万元的土地使用权出资，B 公司以公允价值为 500 万元的机器设备和 500 万元现金出资。该土地使用权系甲公司于 10 年前取得，原值为 500 万元，期限为 50 年，按直线法摊销，预计净残值为 0，至投资设立时账面价值为 400 万元，后续仍可使用 40 年。丙公司 20×6 年实现净利润 220 万元。

(4) 20×6 年 1 月 1 日，甲公司自 C 公司购买丁公司 40%的股权，并派人参与丁公司生产经营决策，购买价款为 4 000 万元。购买日，丁公司净资产账面价值为 5 000 万元，可辨认净资产公允价值为 8 000 万元，3 000 万元为一栋办公楼的差额。办公楼原值 2 000 万元，预计净残值为 0，预计使用寿命为 40 年，采用年限平均法折旧，自甲公司取得丁公司股权之日起剩余年限 20 年。20×6 年丁公司实现净利润 900 万元，实现其他综合收益 200 万元。

不考虑所得税等相关因素影响。

要求：

(1) 根据资料 (1) 和 (2)，针对乙公司 20×6 年利润分配方案，说明甲公司个别财务报表中相关会计处理，并编制相关会计分录。

(2) 根据资料 (3)，编制甲公司对丙公司出资及确认 20×6 年投资收益相关的会计分录。

(3) 根据资料 (4)，计算甲公司对丁公司的初始投资成本，并编制相关会计分录。计算甲公司 20×6 年因持有丁公司股权应确认的投资收益金额，并编制调整长期股权投资账面价值相关的会计分录。

3. 甲公司为一家上市公司，20×9 年对外投资有关资料如下：

(1) 1 月 20 日，以银行存款购买 A 公司发行的股票 200 万股准备长期持有，实际支付价款 10 000 万元，另支付相关税费 120 万元，占 A 公司有表决权股份的 40%，能够对 A 公司施加重大影响，投资时 A 公司可辨认净资产公允价值为 30 000 万元（各项可辨认资产、负债的公允价值与账面价值相同）。

(2) 4 月 17 日，委托证券公司从二级市场购入 B 公司股票，并将其划分为交易性金融资产。支付价款 1 600 万元（其中包含宣告但尚未发放的现金股利 40 万元），另支付相关交易费用 4 万元。

(3) 5 月 5 日，收到 B 公司发放的现金股利 40 万元并存入银行。

(4) 6 月 30 日，持有 B 公司股票的公允价值下跌至 1 480 万元。

(5) 7 月 15 日，持有的 B 公司股票全部出售，售价为 1 640 万元，款项存入银行，不考虑相关税费。

(6) A 公司 20×9 年实现净利润 5 000 万元。

(7) A 公司 20×9 年年末因出售金融资产公允价值变动增加其他综合收益 700 万元。

假定除上述资料外，不考虑其他相关因素。

要求：根据上述资料，逐笔编制甲公司相关会计分录（答案中的金额单位用万元表示）。

参考答案

一、单项选择题

1. D	2. C	3. A	4. B	5. C
6. A	7. B	8. D	9. D	10. A
11. B	12. A	13. D	14. C	15. D
16. B	17. C			

二、多项选择题

1. BD	2. ABD	3. ABC	4. CD	5. ACD
6. AD	7. BD	8. ABD		

三、判断题

1. ×	2. ×	3. ×	4. ×	5. √
6. ×				

四、计算题

1. （1）甲公司对乙公司的长期股权投资20×8年应采用成本法核算，20×9年应采用权益法核算。

（2）20×8年相关会计分录。

1）20×8年1月1日，取得长期股权投资。

借：长期股权投资　　7 000
　　累计摊销　　640
　贷：无形资产　　3 200
　　　营业外收入　　440
　　　银行存款　　4 000

2）20×8年2月5日，分配上年股利。

借：应收股利　　600
　贷：投资收益　　600

3）20×8年3月1日，收到现金股利。

借：银行存款　　600
　贷：应收股利　　600

（3）20×9年相关会计分录。

1）20×9年1月1日，追加投资。

借：长期股权投资——成本　　4 500
　贷：银行存款　　4 500

转换为权益法核算：

a. 初始投资时，产生正商誉 1 000 万元（3 000＋4 000－40 000×15%）；追加投资时，产生正商誉 414 万元（4 500－40 860×10%），综合考虑后形成的仍旧是正商誉，不用进行调整。

b. 对分配的现金股利进行调整。

借：盈余公积　　60

　利润分配——未分配利润　　540

　贷：长期股权投资——成本　　600

c. 对应根据净利润确认的损益进行调整。

借：长期股权投资——损益调整　　705.00

　贷：盈余公积　　70.50

　　利润分配——未分配利润　　634.50

在两个投资时点之间，乙公司可辨认净资产公允价值变动总额为 860 万元（40 860－40 000），其中由于实现净利润分配现金股利引起的变动额为 700 万元（4 700－4 000），因此，其他权益变动为 160 万元，还需做调整分录：

借：长期股权投资（160×15%）　　24

　贷：资本公积　　24

2）20×9 年 3 月 28 日，宣告分配上年股利。

借：应收股利　　950

　贷：长期股权投资　　950

3）20×9 年 4 月 1 日，收到现金股利。

借：银行存款　　950

　贷：应收股利　　950

4）20×9 年 12 月 31 日。

20×9 年乙公司调整后的净利润金额＝5 000－(1 360－1 200)×50%
＝4 920(万元)

借：长期股权投资——损益调整　　1 230

　——其他综合收益　　50

　贷：投资收益　　1 230

　　其他综合收益　　50

2. (1) 针对乙公司的利润分配。

提取盈余公积以及未分配利润转增股本，投资方甲公司不需要做会计处理。对于乙公司发放现金股利 90 万元，甲公司应确认投资收益，对应会计分录为：

借：应收股利（90×90%）　　81

　贷：投资收益　　81

借：银行存款　81

　贷：应收股利　81

（2）甲公司对丙公司出资。

借：长期股权投资——成本　1 000

　　累计摊销（500/50×10）　100

　贷：无形资产　500

　　　营业外收入　600

甲公司20×6年确认的投资收益＝(220－600＋600/40)×50%

＝－182.5(万元)

借：投资收益　182.50

　贷：长期股权投资——损益调整　182.50

（3）甲公司对丁公司的初始投资成本为4 000万元，相关会计分录为：

借：长期股权投资——成本　4 000

　贷：银行存款　4 000

甲公司20×6年因持有丁公司股权应确认的投资收益金额

＝(900－3 000/20)×40%＝300(万元)

借：长期股权投资——损益调整　300

　　　　　　　——其他综合收益　80

　贷：投资收益　300

　　　其他综合收益　80

3.（1）借：长期股权投资　12 000

　　贷：银行存款　10 120

　　　　营业外收入　1 880

（2）借：交易性金额资产——成本　1 560

　　　应收股利　40

　　　投资收益　4

　　贷：其他货币资金　1 604

（3）借：银行存款　40

　　贷：应收股利　40

（4）借：公允价值变动损益　80

　　贷：交易性金融资产——公允价值变动　80

（5）借：银行存款　1 640

　　　交易性金融资产——公允价值变动　80

　　贷：交易性金融资产——成本　1 560

投资收益 160

借：投资收益 80

贷：公允价值变动损益 80

（6）借：长期股权投资——损益调整 2 000

贷：投资收益 2 000

（7）借：长期股权投资——其他综合收益 280

贷：其他综合收益 280

教材习题解答

一、思考题

1. 什么是长期股权投资？长期股权投资包括哪些具体内容？

长期股权投资是指通过投出各种资产取得被投资单位股权且不准备随时出售的投资，包括对子公司、合营企业和联营企业的投资。一是对子公司投资，是指投资企业能够对被投资单位实施控制的权益性投资。二是对合营企业投资，是指投资企业与其他合营方一同对被投资单位实施共同控制的权益性投资，即合营企业中的任何一方均不能单独控制对被投资单位的财务和经营决策。三是对联营企业投资，是指投资企业对被投资单位具有重大影响的权益性投资。

2. 什么是同一控制下的企业合并？如何确定同一控制下的企业合并形成的长期股权投资的初始成本？你对此有何评价？

同一控制下的企业合并，是指参与合并的企业在合并前后均受同一方或相同的多方最终控制且该控制并非暂时性的合并交易。对于同一控制下的企业控股合并，从能够对参与合并各方在合并前后均实施最终控制的一方来看，最终控制方在企业合并前后能够控制的资产并没有发生变化。合并方通过企业合并形成的对被合并方的长期股权投资，其成本代表的是在被合并方账面所有者权益中享有的份额。评价略。

3. 什么是非同一控制下的企业合并？如何确定非同一控制下的企业合并形成的长期股权投资的初始成本？你对此有何评价？

非同一控制下的企业合并，是指参与合并各方在合并前后不受同一方或相同的多方最终控制的合并交易。非同一控制下的控股合并中，购买方应当按照确定的企业合并成本作为长期股权投资的初始投资成本。企业合并成本包括购买方付出的资产、发生或承担的负债、发行的权益性证券的公允价值之和。评价略。

4. 什么是成本法？长期股权投资核算的成本法包括哪些内容？

成本法是指长期股权投资按成本计价的方法。在成本法下，长期股权投资的核算应当按照初始投资成本计价，追加或收回投资应当调整长期股权投资的成本。同一控制下的企业合并形成的长期股权投资，其初始投资成本为合并日取得被合并方所有者权益账面价值的份额。长期股权投资按成本法核算适用于投资企业能够对被投资单位实施控制的长期股权投资，即对子公司的投资。

5. 什么是权益法？长期股权投资核算的权益法包括哪些内容？

权益法是指投资以初始投资成本计量后，在投资持有期间根据投资企业享有被投资单位所有者权益的份额的变动对投资的账面价值进行调整的方法。长期股权投资按权益法核算的适用范围为：(1) 投资企业对被投资单位具有共同控制的长期股权投资，即对合营企业的投资。(2) 投资企业对被投资单位具有重大影响的长期股权投资，即对联营企业的投资。

6. 长期股权投资的处置是如何进行核算的？

企业处置长期股权投资时，应相应结转与所售股权相对应的长期股权投资的账面价值，出售所得价款与处置长期股权投资账面价值之间的差额，应确认为投资损益。

采用权益法核算的长期股权投资，原计入其他综合收益中的金额，在处置时亦应进行结转，将与所出售股权相对应的部分在处置时自其他综合收益转入当期损益。

处置长期股权投资时，应按实际收到的金额，借记"银行存款"等科目，按其账面余额，贷记"长期股权投资"科目，按尚未领取的现金股利或利润，贷记"应收股利"科目，按其差额，贷记或借记"投资收益"科目。已计提减值准备的，还应同时结转减值准备。

采用权益法核算长期股权投资的处置，除上述处理外，还应结转原计入其他综合收益的相关金额，借记或贷记"其他综合收益"科目，贷记或借记"投资收益"科目。

二、练习题

1. 编制甲公司与长期股权投资相关的会计分录。

(1) 2×17年1月1日，购入长期股权投资。

借：长期股权投资——成本	18 000	
贷：银行存款		18 000

(2) 2×17年5月10日，乙公司宣告发放2×16年度现金股利。

借：应收股利	1 200	
贷：投资收益		1 200

(3) 2×17年5月25日，乙公司实际发放2×16年度现金股利。

借：银行存款	1 200	
贷：应收股利		1 200

(4) 2×18年5月11日，乙公司宣告发放2×17年度现金股利。

借：应收股利	360	

贷：投资收益　　360

(5) 2×18 年 5 月 26 日，乙公司实际发放 2×17 年度现金股利。

借：银行存款　　360

贷：应收股利　　360

2. (1) 上述企业合并的类型属于同一控制下的企业合并，因为合并前后甲公司与 W 公司同受甲公司母公司的控制。

(2) 甲公司购入 W 公司 80%股权的初始投资成本＝15 000×80%＝12 000 万元，与支付的价款 11 000 万元的差额 12 000－11 000＝1 000 万元，计入资本公积（股本溢价），会计分录为：

借：长期股权投资　　12 000

贷：银行存款　　11 000

资本公积　　1 000

因为该项合并后甲公司拥有 W 公司 80%的股权，具有控制权，所以长期股权投资后续计量采用成本法核算，只对现金股利的分配做会计处理。

2×18 年 W 公司分配现金股利 2 000 万元，甲公司确认投资收益＝2 000×80%＝1 600 万元，需要做会计处理如下：

借：应收股利　　1 600

贷：投资收益　　1 600

3. 编制甲公司对丙公司长期股权投资的会计分录。

(1) 2×17 年 3 月 1 日，甲公司购入丙公司股份。

借：长期股权投资——成本　　2 010

贷：银行存款　　2 010

(2) 2×17 年 4 月 1 日，丙公司宣告分派 2×16 年度现金股利。

借：应收股利　　20

贷：长期股权投资——成本　　20

(3) 2×17 年 5 月 10 日，甲公司收到丙公司分派的 2×16 年度现金股利。

借：银行存款　　20

贷：应收股利　　20

(4) 2×17 年 12 月 31 日，丙公司其他综合收益增加。

借：长期股权投资——其他综合收益　　30

贷：其他综合收益　　30

(5) 2×17 年丙公司实现净利润。

借：长期股权投资——损益调整　　60

贷：投资收益　　60

(6) 2×18 年 4 月 2 日，丙公司宣告分配 2×17 年度现金股利。

借：应收股利　　24

　贷：长期股权投资——损益调整　　24

（7）2×18年，丙公司发生净亏损。

借：投资收益　　120

　贷：长期股权投资——损益调整　　120

（8）2×19年3月20日，甲公司出售对丙公司的全部投资。

借：银行存款　　1 950

　　长期股权投资——损益调整　　84

　贷：长期股权投资——成本　　1 990

　　　　　　　　——其他综合收益　　30

　　　投资收益　　14

借：其他综合收益　　30

　贷：投资收益　　30

第 7 章 Chapter 7 固定资产

学习目标

本章主要讲解固定资产的定义、分类及其会计核算。通过本章的学习，同学们应当了解固定资产的定义和特征、固定资产的确认条件，并熟练掌握与固定资产相关的会计处理，包括：不同方式取得固定资产的初始计量、固定资产的折旧、后续支出、固定资产减值准备和处置等。

学习指导

一、学习重点

1. 重点把握不同方式取得固定资产的初始计量，区分固定资产购置和自行建造的核算。自行建造固定资产又可分为自营方式建造固定资产和出包方式建造固定资产，在实际应用中，应学会结合固定资产的确认条件判断所建造的固定资产是否已达到预定可使用状态。

2. 了解固定资产折旧的范围，掌握不同折旧方法的计算和会计处理。

3. 区分固定资产资本化的后续支出和费用化的后续支出，掌握相关的会计处理。

4. 掌握固定资产清理的核算和计提减值准备的核算。

二、学习难点

本章的学习难点在于涉及增值税时固定资产的核算以及固定资产盘盈盘亏的会计处理，在学习过程中应加强对比记忆。

练习题

一、单项选择题

1. 下列关于固定资产的表述中，正确的是（　　）。

A. 经营出租的生产设备计提的折旧计入其他业务成本

B. 当月新增的固定资产，当月开始计提折旧

C. 生产线的日常修理费计入在建工程

D. 设备报废清理费计入管理费用

2. 某企业自行建造厂房购入工程物资一批，增值税专用发票上注明的价款为100万元，增值税税额为13万元，发票已通过税务机关认证。不考虑其他因素，该企业购买工程物资相关科目会计处理结果表述正确的是（　　）。

A. 借记“应交税费——待抵扣进项税额”科目7.8万元

B. 借记“原材料”科目100万元

C. 借记“应交税费——待抵扣进项税额”科目5.2万元

D. 借记“应交税费——应交增值税（进项税额）”科目13万元

3. 某增值税一般纳税企业自建仓库一幢，购入工程物资200万元，增值税税额为26万元，已全部用于建造仓库；耗用库存材料50万元，应负担的增值税税额为6.5万元；支付建筑工人工资36万元。该仓库建造完成并达到预定可使用状态，其入账价值为（　　）万元。

A. 250　　B. 292.5　　C. 286　　D. 318.5

4. 甲公司是增值税一般纳税人，2019年4月5日购买一台生产设备并立即投入使用。取得的增值税专用发票上注明的价款为500万元，增值税税额为65万元。当日，甲公司预付了一年的维护费，取得的增值税专用发票上注明的价款为10万元，增值税税额为1.3万元。不考虑其他因素，该项设备的入账价值是（　　）万元。

A. 580　　B. 596　　C. 500　　D. 510

5. 甲公司为增值税一般纳税人，动产、存货适用的增值税税率均为13%。2019年采用自营方式建造一条生产线，购买工程物资300万元，增值税进项税额为39万元，建造期间全部投入使用。另外领用原材料一批，账面价值为360万元（未计提跌价准备），计税价格为400万元；发生的在建工程人员薪酬为20万元，资本化的借款费用10万元，外聘专业人员服务费3万元，员工培训费1万元，为达到正常运转发生负荷联合试车测试费6万元，试车期间取得收入2万元。假定该生产线已达到预定可使用状态，不考虑除增值税以外的其他相关税费，该生产线的入账价值为（　　）万元。

A. 697　　B. 1 564　　C. 748　　D. 699

6. 甲公司系增值税一般纳税人，购入一套需安装的生产设备，取得的增值税专用发票上注明的价款为 300 万元，增值税税额为 39 万元，自行安装耗用材料 20 万元，发生安装人工费 5 万元。不考虑其他因素，该生产设备安装完毕达到预定可使用状态转入固定资产的入账价值为（　）万元。

A. 320　　B. 325　　C. 351　　D. 376

7. 某企业为增值税一般纳税人，购入一台不需要安装的设备，增值税专用发票上注明的价款为 50 000 元，增值税税额为 65 000 元，另发生运输费 1 000 元，包装费 500 元（均不考虑增值税）。不考虑其他因素，该设备的入账价值为（　）元。

A. 50 000　　B. 60 000　　C. 58 500　　D. 51 500

8. 下列各项中，不应计入在建工程项目成本的是（　）。

A. 在建工程试运行净支出

B. 建造期间工程物资盘盈净收益

C. 建造期间工程物资盘亏净损失

D. 为在建工程项目取得的财政专项补贴

9. 下列关于企业计提固定资产折旧会计处理的表述中，不正确的是（　）。

A. 对管理部门使用的固定资产计提的折旧应计入管理费用

B. 对财务部门使用的固定资产计提的折旧应计入财务费用

C. 对生产车间使用的固定资产计提的折旧应计入制造费用

D. 对专设销售机构使用的固定资产计提的折旧应计入销售费用

10. 甲公司是增值税一般纳税人，适用的增值税税率为 13%。甲公司董事会决定于 2016 年 3 月 31 日起对某生产用设备进行技术改造。2016 年 3 月 31 日，该生产用设备账面原价 5 000 万元，已提折旧 3 000 万元，未提减值；预计使用寿命 20 年，预计净残值为 0，采用直线法计提折旧。改造中发生支出 2 249 万元，被替换部分的账面价值为 400 万元。该技术改造工程于 2016 年 9 月 25 日完成并交付使用，改造后的资产预计尚可使用 15 年，预计净残值为 0，折旧方法不变。甲公司 2016 年该固定资产应计提的折旧额为（　）万元。

A. 134.32　　B. 127.65　　C. 126.65　　D. 133.32

11. 2017 年 12 月 31 日，某企业"固定资产"科目借方余额为 3 000 万元，"累计折旧"科目贷方余额为 1 400 万元，"固定资产减值准备"科目贷方余额为 200 万元。2017 年 12 月 31 日，该企业资产负债表中"固定资产"项目期末余额应列示的金额为（　）万元。

A. 3 000　　B. 1 400　　C. 1 600　　D. 2 800

12. 下列各项中，企业支付生产车间机器设备日常修理费应借记的会计科目是（ ）。

A. “制造费用” B. “管理费用” C. “生产成本” D. “在建工程”

13. 2015年12月，某企业购入一台设备，初始入账价值为400万元，设备于当月交付使用，预计使用寿命为5年，预计净残值为4万元，采用年数总和法计提折旧。不考虑其他因素，2017年该设备应计提的折旧额为（ ）万元。

A. 132 B. 160 C. 105.6 D. 96

14. 2012年12月31日，甲公司购入一台设备，入账价值为100万元，预计使用年限为5年，预计净残值为4万元，采用双倍余额递减法计算折旧，则该设备2014年应计提的折旧额为（ ）万元。

A. 25.6 B. 19.2 C. 40 D. 24

15. 甲公司一台用于生产M产品的设备预计使用年限为5年，预计净残值为0。假定M产品各年产量基本均衡，下列折旧方法中，能够使该设备第一年计提折旧金额最多的是（ ）。

A. 工作量法 B. 年限平均法

C. 年数总和法 D. 双倍余额递减法

16. 甲公司为增值税一般纳税人，该公司20×9年5月10日购入需安装设备一台，价款为500万元，可抵扣的增值税进项税额为65万元。为购买该设备发生运输途中保险费20万元。设备安装过程中，领用材料50万元，相关增值税进项税额为6.5万元；支付安装工人工资12万元。该设备于20×9年12月30日达到预定可使用状态。甲公司对该设备采用年数总和法计提折旧，预计使用10年，预计净残值为0。假定不考虑其他因素，下一年该设备应计提的折旧额为（ ）万元。

A. 102.18 B. 103.64 C. 105.82 D. 120.64

17. 通过“累计折旧”账户对“固定资产”账户进行调整，反映固定资产的（ ）。

A. 原始价值 B. 折旧额 C. 净值 D. 增减价值

甲公司发生的有关交易或事项如下：

(1) 为遵守国家有关环保的法律规定，20×8年1月31日，甲公司对A生产设备进行停工改造，安装环保装置。3月25日，新安装的环保装置达到预定可使用状态并交付使用，共发生支出600万元。至1月31日，A生产设备的成本为18 000万元，已计提折旧9 000万元，未计提减值准备。A生产设备预计使用16年，已使用8年，安装环保装置后还可使用8年；环保装置预计使用5年。

(2) 为降低能源消耗，甲公司对B生产设备部分构件进行更换。构件更换工程于20×7年12月31日开始，20×8年10月25日达到预定可使用状态并交付使用，共发生支出2 600万元。至20×7年12月31日，B生产设备的成本为

8 000 万元，已计提折旧 3 200 万元，账面价值为 4 800 万元，其中被替换构件的账面价值为 800 万元，被替换构件已无使用价值。B 生产设备原预计使用 10 年，更换构件后预计还可使用 8 年。

甲公司的固定资产按年限平均法计提折旧，预计净残值均为 0。假定甲公司当年度生产的产品均已实现对外销售。

要求：根据上述资料，不考虑其他因素，回答下列第 19—23 题。

18. 下列各项关于甲公司 A 生产设备改造工程及其后会计处理的表述中，正确的是（　　）。

A. A 生产设备在安装环保装置期间停止计提折旧

B. 因不能直接带来经济利益将安装环保装置发生的成本计入当期损益

C. 环保装置达到预定可使用状态后按 A 生产设备剩余使用年限计提折旧

D. 环保装置达到预定可使用状态后 A 生产设备按环保装置的预计使用年限计提折旧

19. 下列各项关于甲公司 B 生产设备更换构件工程及其后会计处理的表述中，正确的是（　　）。

A. B 生产设备更换构件时发生的成本直接计入当期损益

B. B 生产设备更换构件期间仍按原预计使用年限计提折旧

C. B 生产设备更换构件时被替换构件的账面价值终止确认

D. B 生产设备在更换构件工程达到预定可使用状态后按原预计使用年限计提折旧

20. 甲公司 20×8 年 A 生产设备（包括环保装置）应计提的折旧是（　　）万元。

A. 937.50　　B. 993.75　　C. 1 027.50　　D. 1 125.00

21. 甲公司 20×8 年 B 生产设备应计提的折旧是（　　）万元。

A. 83.33　　B. 137.50　　C. 154.17　　D. 204.17

22. 甲公司上述生产设备影响 20×8 年利润总额的金额是（　　）万元。

A. 1 165.00　　B. 1 820.83　　C. 1 965.00　　D. 2 129.17

23. 2016 年 2 月 1 日，甲公司以 2 800 万元购入一项专门用于生产 H 设备的专利技术。该专利技术按产量进行摊销，预计净残值为 0，预计该专利技术可用于生产 500 台 H 设备。甲公司 2016 年共生产 90 台 H 设备。2016 年 12 月 31 日，经减值测试，该专利技术的可收回金额为 2 100 万元。不考虑增值税等相关税费及其他因素。甲公司 2016 年 12 月 31 日应该确认的资产减值损失金额为（　　）万元。

A. 700　　B. 0　　C. 196　　D. 504

24. 2015年1月31日，为遵守国家有关环保的法律规定，甲公司对A生产设备进行停工改造，安装环保装置B设备。3月31日，新安装的环保装置B设备达到预定可使用状态并交付使用，共发生支出600万元。A生产设备的成本为18 000万元，至2015年1月31日，已计提折旧9 000万元，未计提减值准备。A生产设备预计使用16年，已使用8年，安装环保装置B设备后还可使用8年；环保装置B设备预计使用5年。甲公司的固定资产按年限平均法计提折旧，预计净残值均为0。下列有关甲公司2015年度A生产设备与新安装的环保装置B设备的相关会计处理，表述不正确的是（　　）。

A. A生产设备停工改造期间不计提折旧

B. A生产设备与新安装的环保装置B设备应合并确认为一项固定资产

C. A生产设备2015年计提的折旧额为937.5万元

D. 新安装的环保装置B设备2015年计提的折旧额为90万元

25. 某企业对生产设备进行改良，发生资本化支出共计45万元（不考虑增值税），被替换旧部件的账面价值为10万元，该设备原价为500万元，已计提折旧300万元。不考虑其他因素，该设备改良后的入账价值为（　　）万元。

A. 245　　B. 235　　C. 200　　D. 190

26. 某企业对其拥有的一台大型设备进行更新改造。该设备原价为1 000万元，已计提折旧500万元，更新改造过程中发生满足固定资产确认条件的支出为700万元，取得的增值税专用发票上注明的增值税进项税额为91万元，被替换部分账面价值为100万元。不考虑其他因素，该设备更新改造后的入账价值为（　　）万元。

A. 1 100　　B. 1 200　　C. 1 600　　D. 1 700

27. 某企业盘亏机器设备一台，经上级批准后，应借记的账户为（　　）。

A. "本年利润"　　B. "营业外支出"

C. "其他应收款"　　D. "管理费用"

28. 某公司在财产清查中发现盘盈设备一台，已知同类设备的历史成本为20 000元，重置成本为15 000元。不考虑其他因素，下列各项中，该公司盘盈设备时的会计处理正确的是（　　）。

A. 借：固定资产　　15 000
　　贷：以前年度损益调整　　15 000

B. 借：固定资产　　20 000
　　贷：以前年度损益调整　　15 000
　　　　累计折旧　　5 000

C. 借：固定资产　　20 000
　　贷：营业外收入　　15 000

累计折旧 5 000

D. 借：固定资产 15 000

贷：营业外收入 15 000

29. 甲公司系增值税一般纳税人，2×15 年 8 月 31 日以不含增值税 100 万元的价格售出 2×09 年购入的一台生产用机床，增值税销项税额为 13 万元，该机床原价为 200 万元（不含增值税），已计提折旧 120 万元，已计提减值准备 30 万元，不考虑其他因素，甲公司处置该机床的利得为（ ）万元。

A. 3 B. 20 C. 33 D. 50

30. 某公司出售专用设备一台，取得价款 30 万元（不考虑增值税），发生清理费用 5 万元（不考虑增值税），该设备的账面价值为 22 万元。假定不考虑其他因素，下列各项中，关于此项交易净损益会计处理结果表述正确的是（ ）。

A. 资产处置损益增加 3 万元

B. 资产处置损益增加 25 万元

C. 资产处置损益增加 8 万元

D. 资产处置损益增加 27 万元

31. 下列各项中，不影响营业利润的是（ ）。

A. 购买交易性金融资产支付的交易费用

B. 报废清理固定资产净收益

C. 计提坏账准备

D. 管理用无形资产摊销

32. 某企业一台机床由于技术更新等原因决定提前报废。该机床原价 150 万元，已计提折旧 90 万元，已计提减值准备 40 万元，残值变价收入为 10 万元（不考虑增值税）。假定不考虑其他因素，该企业提前报废机床的相关会计处理结果不正确的是（ ）。

A.“固定资产”科目贷方登记 150 万元

B.“累计折旧”科目借方登记 90 万元

C.“固定资产减值准备”科目借方登记 40 万元

D.“资产处置损益”科目借方登记 20 万元

33. 某公司处置一台旧设备，取得价款 100 万元，发生清理费用 5 万元，支付相关税费 5 万元。该设备原值为 200 万元，已提折旧 60 万元。假定不考虑其他因素，处置该设备影响当期损益的金额为（ ）万元。

A. −40 B. −45 C. −50 D. 50

34. 企业在报废固定资产清理过程中发生的费用，应记入（ ）科目核算。

A.“管理费用” B.“固定资产清理”

C.“营业外支出” D.“制造费用”

35. 某企业20×9年12月31日“固定资产”科目余额为1 000万元，“累计折旧”科目余额为300万元，“固定资产减值准备”科目余额为50万元。该企业20×9年12月31日资产负债表“固定资产”项目的金额为（　）万元。

A. 650 B. 700 C. 950 D. 1 000

二、多项选择题

1. 下列关于固定资产会计处理的表述中，正确的有（　）。

A. 未投入使用的固定资产不应计提折旧

B. 特定固有资产弃置费用的现值应计入该资产的成本

C. 租入管理用固定资产发生的日常修理费应计入当期损益

D. 预期通过使用或处置不能产生经济利益的固定资产应予终止确认

2. 下列有关固定资产初始计量的表述中，正确的有（　）。

A. 盘盈的固定资产，应按重置成本确定其入账价值

B. 以一笔款项购入多项没有单独标价的固定资产，应该按照各项固定资产的账面余额比例对总成本进行分配，确认各项固定资产成本

C. 分期付款购买固定资产，实质上具有融资性质的，其成本以购买价款的现值为基础确定

D. 投资者投入的固定资产的成本按照投资合同或协议约定的价值确定，但合同或协议约定价值不公允的除外

3. 下列各项中，关于企业固定资产的会计处理表述正确的有（　）。

A. 因管理不善导致的固定资产报废净损失计入管理费用

B. 提前报废的固定资产不再补提折旧

C. 专设销售机构的固定资产发生的不应资本化的后续支出计入销售费用

D. 固定资产日常修理费用计入固定资产成本

4. 企业报废一台机器设备，设备的账面原值4万元，累计折旧3万元，残体变价收入1.5万元，清理费用0.6万元，应交税费0.2万元。结转固定资产出售净损益的会计分录所涉及的账户为（　）。

A.“待处理财产损益” B.“营业外支出”

C.“固定资产清理” D.“营业外收入”

5. 甲公司以出包方式建造厂房，建造过程发生的下列支出中，应计入所建造固定资产成本的有（　）。

A. 支付给第三方监理公司的监理费

B. 季节性暂停建造期间外币专门借款的汇兑损益

C. 取得土地使用权的土地出让金

D. 建造期间联合试车费用

6. 下列应计入自行建造固定资产成本的有（　　）。

A. 达到预定可使用状态前分摊的间接费用

B. 为建造固定资产通过出让方式取得土地使用权而支付的土地出让金

C. 达到预定可使用状态前满足资本化条件的借款费用

D. 达到预定可使用状态前发生的工程用物资成本

7. 企业购入固定资产的原始价值包括（　　）。

A. 购入时支付的运杂费

B. 购入时支付的增值税

C. 支付的安装费用

D. 达到预定使用状态之后发生的借款利息

8. 2016年12月20日，某企业购入一台设备，原价为2 000万元，预计使用年限5年，预计净残值5万元，采用双倍余额递减法计提折旧。下列各项中，该企业采用双倍余额递减法计提折旧的结果表述正确的有（　）。

A. 应计折旧总额为1 995万元

B. 2017年折旧额为665万元

C. 年折旧率为33%

D. 2017年折旧额为800万元

9. 下列关于固定资产会计处理的表述中，正确的有（　　）。

A. 已转为持有待售的固定资产不应计提折旧

B. 至少每年年度终了对固定资产的折旧方法进行复核

C. 至少每年年度终了对固定资产的使用寿命进行复核

D. 至少每年年度终了对固定资产的预计净残值进行复核

10. 固定资产加速折旧的方法有（　　）。

A. 工作量法　　B. 年数总和法

C. 双倍余额递减法　　D. 平均年限法

11. 常用的固定资产折旧方法有（　　）。

A. 年限平均法　　B. 年数总和法

C. 五五摊销法　　D. 双倍余额递减法

12. 下列各项中，表明企业固定资产可能发生了减值的迹象有（　　）。

A. 固定资产市价当期大幅度下跌，其跌幅明显高于因时间的推移或者正常使用而预计的下跌

B. 企业经营所处的经济、技术或者法律等环境以及固定资产所处的市场在当期或者将在近期发生重大变化，从而对企业产生不利影响

C. 市场利率或者其他市场投资报酬率在当期已经提高，从而影响企业计算固定资产预计未来现金流量现值的折现率，导致资产可收回金额大幅度

降低

D. 固定资产已经或者将被闲置、终止使用或者计划提前处置

13. 下列各项中，属于固定资产减值测试时预计其未来现金流量不应考虑的因素有（　　）。

A. 与所得税收付有关的现金流量

B. 筹资活动产生的现金流入或者流出

C. 与预计固定资产改良有关的未来现金流量

D. 与尚未做出承诺的重组事项有关的预计未来现金流量

14. 下列企业在固定资产发生资本化后续支出并达到预定可使用状态时进行的会计处理中，正确的有（　　）。

A. 重新预计净残值　　B. 重新确定折旧方法

C. 重新确定入账价值　　D. 重新预计使用寿命

15. 下列各项资产的后续支出中，应予以费用化处理的有（　　）。

A. 办公楼的日常修理费

B. 更换的发动机成本

C. 机动车的交通事故责任强制保险费

D. 生产线的改良支出

16. 财产清查中查明的各种流动资产盘亏或毁损数，根据不同的原因，报经批准后可能列入的账户有（　　）。

A. "管理费用"　　B. "营业外收入"

C. "营业外支出"　　D. "其他应收款"

17. 下列有关固定资产会计处理的表述中，正确的有（　　）。

A. 固定资产盘亏产生的损失计入当期损益

B. 固定资产日常维护发生的支出计入当期损益

C. 债务重组中取得的固定资产按其公允价值及相关税费之和入账

D. 计提减值准备后的固定资产以扣除减值准备后的账面价值为基础计提折旧

18. 下列各项中，应通过"固定资产清理"科目核算的有（　　）。

A. 固定资产盘亏的账面价值

B. 固定资产出售的账面价值

C. 固定资产更新改造支出

D. 固定资产毁损净损失

三、判断题

1. 企业所拥有的单位价值超过1万元的资产肯定是固定资产。　　（　　）

2. 企业为符合国家有关环保规定购置的大型环保设备，因其不能为企业带

来直接的经济利益，因此不确认为固定资产。 （ ）

3. 固定资产的各组成部分具有不同使用寿命、适用不同折旧率的，应当分别将各组成部分确认为单项固定资产。 （ ）

4. 企业购入不需要安装的生产设备，购买价款超过正常信用条件延期支付，实质上具有融资性质的，应当以购买价款的现值为基础确定其成本。 （ ）

5. 企业以一笔款项购入多项没有单独标价的固定资产，应将该款项按各项固定资产公允价值占公允价值总额的比例进行分配，分别确定各项固定资产的成本。 （ ）

6. 按暂估价值入账的固定资产在办理竣工结算后，企业应当根据暂估价值与竣工结算价值的差额调整原已计提的折旧金额。 （ ）

7. 已达到预定可使用状态但尚未办理竣工决算的固定资产不应计提折旧。 （ ）

8. 某项尚未提足折旧的固定资产于1月份报废，该项固定资产在1月份应该照提折旧。 （ ）

9. 年数总和法作为加速折旧法，在计算折旧额时，不考虑固定资产的残值收入。 （ ）

10. 固定资产提足折旧后继续使用，但不再计提折旧。 （ ）

11. 企业未使用、不需要以及季节性停用的固定资产不计提折旧。 （ ）

12. 企业在计提固定资产折旧时，对于当月增加的固定资产当月不提折旧，当月减少的固定资产当月照提折旧。 （ ）

13. 固定资产的可收回金额，应当根据资产的公允价值减去处置费用后的净额与资产预计未来现金流量的现值两者之间较低者确定。 （ ）

14. 企业在对固定资产进行维修时，应将发生的费用通过预提或待摊的方式进行核算，不能一次性计入当期费用。 （ ）

15. 企业生产车间发生的固定资产日常维修费，应作为制造费用核算计入产品成本。 （ ）

16. 企业发生固定资产改扩建支出且符合资本化条件的，应计入相应在建工程成本。 （ ）

17. 固定资产处于处置状态或者预期通过使用或处置不能产生经济利益的，应予终止确认。 （ ）

18. 企业持有待售的固定资产，应按账面价值与公允价值减去处置费用后的净额孰低进行计量。 （ ）

四、计算题

1. 甲公司系增值税一般纳税人，适用的增值税税率为13%，所得税税率为25%，相关资料如下：

资料一：20×2年12月10日，甲公司以银行存款购入一台需自行安装的生产设备，取得的增值税专用发票上注明的价款为495万元，增值税税额为64.35万元，甲公司当日进行设备安装，安装过程中发生安装人员薪酬5万元，20×2年12月31日安装完毕并达到预定可使用状态交付使用。

资料二：甲公司预计该设备可使用10年，预计净残值为20万元，采用双倍余额递减法计提折旧。

资料三：20×5年12月31日，该设备出现减值迹象，经减值测试，其可收回金额为250万元。甲公司对该设备计提减值准备后，预计该设备尚可使用5年，预计净残值为10万元，仍采用双倍余额递减法计提折旧。

资料四：20×6年12月31日，甲公司出售该设备，开具的增值税专用发票上注明的价款为100万元，增值税税额为13万元，款项当日收讫并存入银行，甲公司另外以银行存款支付清理费用1万元（不考虑增值税）。假定不考虑其他因素。

要求：

(1) 计算甲公司20×2年12月31日该设备安装完毕并达到预定可使用状态的成本，并编制设备购入、安装及达到预定可使用状态的相关会计分录。

(2) 分别计算甲公司20×3年和20×4年对该设备应计提的折旧额。

(3) 计算甲公司20×5年12月31日对该设备应计提的减值准备金额，并编制相关会计分录。

(4) 计算甲公司20×6年对该设备应计提的折旧额。

(5) 编制甲公司20×6年12月31日出售该设备的相关会计分录。

2. 甲公司系增值税一般纳税人，20×2年至20×5年与固定资产业务相关的资料如下（适用的增值税税率为13%）：

资料一：20×2年12月5日，甲公司以银行存款购入一套不需安装的大型生产设备，取得的增值税专用发票上注明的价款为5 000万元，增值税税额为650万元。

资料二：20×2年12月31日，该设备投入使用，预计使用年限为5年，净残值为50万元，采用年数总和法按年计提折旧。

资料三：20×4年12月31日，该设备出现减值迹象，预计未来现金流量的现值为1 500万元，公允价值减去处置费用后的净额为1 800万元，甲公司对该设备计提减值准备后，根据新获得的信息预计剩余使用年限仍为3年，净残值为30万元，仍采用年数总和法按年计提折旧。

资料四：20×5年12月31日，甲公司出售该设备，开具的增值税专用发票上注明的价款为900万元，增值税税额为117万元，款项已收存银行，另以银行存款支付清理费用2万元。

假定不考虑其他因素。

要求：

（1）编制甲公司20×2年12月5日购入该设备的会计分录。

（2）分别计算甲公司20×3年和20×4年对该设备应计提的折旧金额。

（3）计算甲公司20×4年12月31日对该设备应计提减值准备的金额，并编制相关会计分录。

（4）计算甲公司20×5年对该设备应计提的折旧金额，并编制相关会计分录。

（5）编制甲公司20×5年12月31日处置该设备的会计分录。

参考答案

一、单项选择题

1. A	2. D	3. D	4. C	5. A
6. B	7. D	8. D	9. B	10. C
11. B	12. B	13. C	14. D	15. D
16. C	17. C	18. A	19. C	20. C
21. B	22. A	23. C	24. B	25. B
26. A	27. B	28. A	29. D	30. A
31. B	32. D	33. C	34. B	35. A

二、多项选择题

1. BCD	2. ACD	3. BC	4. BC	5. ABD
6. ACD	7. ABC	8. AD	9. ABCD	10. BC
11. ABD	12. ABCD	13. ABCD	14. ABCD	15. AC
16. ACD	17. ABCD	18. BD		

三、判断题

1. ×	2. ×	3. √	4. √	5. √
6. ×	7. ×	8. √	9. ×	10. √
11. ×	12. √	13. ×	14. ×	15. ×
16. √	17. √	18. √		

四、计算题

1.（1）20×2年12月31日。

该设备安装完毕并达到预定可使用状态的成本＝495＋5＝500（万元）

借：在建工程　　495.00

　　应交税费——应交增值税（进项税额）　　64.35

贷：银行存款 559.35

借：在建工程 5

贷：应付职工薪酬 5

借：固定资产 500

贷：在建工程 500

（2）20×3年该设备应计提的折旧额=500×2÷10=100(万元)

20×4年该设备应计提的折旧=(500−100)×2÷10=80(万元)

（3）20×5年12月31日。

该设备的账面价值=500−100−80−(500−100−80)×2÷10
=256(万元)

可收回金额=250(万元)

应计提减值准备=256−250=6(万元)

借：资产减值损失 6

贷：固定资产减值准备 6

（4）20×6年对该设备应计提的折旧额=250×2÷5=100(万元)

（5）20×6年12月31日出售该设备的相关会计分录为：

借：固定资产清理 150

累计折旧 344

固定资产减值准备 6

贷：固定资产 500

借：固定资产清理 1

贷：银行存款 1

借：银行存款 113

资产处置损益 51

贷：固定资产清理 151

应交税费——应交增值税（销项税额） 13

2.（1）甲公司20×2年12月5日购入该设备。

借：固定资产 5 000

应交税费——应交增值税（进项税额） 650

贷：银行存款 5 650

（2）20×3年度对该设备应计提的折旧金额=(5 000−50)×5/15
=1 650(万元)

20×4年度对该设备应计提的折旧金额=(5 000−50)×4/15
=1 320(万元)

(3)20×4 年 12 月 31 日对该设备应计提减值准备的金额
=(5 000−1 650−1 320)−1 800=230(万元)

借：资产减值损失	230
贷：固定资产减值准备	230

(4) 20×5 年对该设备应计提的折旧金额=(1 800−30)×3/6
=885(万元)

借：制造费用	885	
贷：累计折旧		885
(5) 借：固定资产清理	915	
固定资产减值准备	230	
累计折旧（1 650+1 320+885）	3 855	
贷：固定资产	5 000	
借：固定资产清理	2	
贷：银行存款		2
借：银行存款	1 017	
贷：固定资产清理		900
应交税费——应交增值税（销项税额）		117
借：资产处置损益——处置非流动资产损失	17	
贷：固定资产清理		17

教材习题解答

一、思考题

1. 什么是固定资产？固定资产有哪些基本特点？

固定资产，是指同时具有下列特征的有形资产：（1）为生产商品、提供劳务、出租或经营管理而持有的；（2）使用寿命超过一个会计年度。基本特点主要包括：（1）为生产商品、提供劳务、出租或经营管理而持有；（2）使用寿命超过一个会计年度；（3）存在形态为有形资产。

2. 固定资产的取得方式有哪些？如何确定自行建造固定资产的取得成本？

固定资产的取得方式包括外购、自行建造等。自行建造的固定资产，其成本由建造该项资产达到预定可使用状态前所发生的必要支出构成，包括工程用物资成本、人工成本、缴纳的相关税费、应予资本化的借款费用以及应分摊的间接费用等。

3. 什么是固定资产折旧？固定资产折旧方法有哪些？

折旧是指在固定资产预计使用寿命内，按照确定的方法对应计折旧额进行系统分摊的过程。固定资产折旧方法包括年限平均法、工作量法、双倍余额递减法和年数总和法等。

4. 什么是年限平均法？什么是加速折旧法？如何认识和评价上述两类方法？

年限平均法是指将固定资产应计折旧额平均分摊到其预计使用寿命期内的一种方法。加速折旧法是指在固定资产使用的早期多提折旧、在其使用的后期少提折旧的计提方法。在实际工作中，加速折旧法能够更好地满足固定资产提前更新的需要。认识和评价略。

5. 什么是固定资产后续支出？固定资产后续支出是如何核算的？

固定资产后续支出是指企业在固定资产持续使用过程中发生的维护修理费用和更新改造支出等。固定资产后续支出如果符合固定资产确认条件的（即该支出很可能导致流入企业的经济利益超过了原先的估计，且支出的金额能够可靠计量），则应将其予以资本化，计入固定资产账面价值，同时将被替换部分的账面价值扣除；如果后续支出不符合固定资产确认条件的，则应将其费用化，计入当期损益。

6. 什么是固定资产处置？固定资产处置是如何核算的？

固定资产处置包括固定资产的出售、转让、报废和毁损、对外投资、非货币性资产交换、债务重组等。固定资产满足下列条件之一的，应当予以终止确认：

（1）该固定资产处于处置状态。从固定资产用途的角度看，处于处置状态的固定资产已不能再用于生产产品、提供劳务、出租或经营管理，因此不再符合固定资产的定义，应予以终止确认。

（2）该固定资产预期通过使用或处置不能产生经济利益。从企业持有固定资产的目的和固定资产本质的角度看，不能产生经济利益便不再符合固定资产的定义和确认条件，也应予以终止确认。

固定资产处置的账务处理通常涉及结转账面价值、发生清理费用、收取残料价值和变价收入、结算应收保险公司或过失人赔款、结转清理净损益等环节。企业出售、转让、报废固定资产或发生固定资产毁损时，应当将处置收入扣除账面价值和相关税费后的金额计入当期损益。其中，固定资产的账面价值是指固定资产的账面净值，即固定资产成本扣减累计折旧和减值准备后的金额。

二、练习题

1. 编制甲公司与固定资产建造业务相关的会计分录（金额单位为万元）。

（1）借：工程物资	200	
应交税费——应交增值税（进项税额）	26	
贷：银行存款		226
（2）借：在建工程	190	
贷：工程物资		190
（3）借：在建工程	100	
贷：原材料——A原材料		100

(4) 借：在建工程 114
　　贷：应付职工薪酬 114
(5) 借：营业外支出 45
　　　其他应收款 5
　　贷：在建工程 50
(6) 借：在建工程 40
　　贷：银行存款 40
(7) 借：固定资产 394
　　贷：在建工程 394
(8) 借：原材料 10
　　贷：工程物资 10

2. 编制乙公司与固定资产业务相关的会计分录。

(1) 借：固定资产 351.50
　　　应交税费——应交增值税（进项税额） 45.50
　　贷：银行存款 397.00

(2) 2×18 年该设备计提的折旧额＝(351.5－15)/10＝33.65(万元)
借：制造费用 33.65
　贷：累计折旧 33.65

(3) 2×18 年 12 月 31 日该设备计提的固定资产减值准备＝(351.5－33.65)－285＝32.85(万元)
借：资产减值损失 32.85
　贷：固定资产减值准备 32.85

(4) 2×19 年该设备计提的折旧额＝(285－15)/9＝30(万元)
借：制造费用 30
　贷：累计折旧 30

(5) 2×19 年该设备转入改良。
借：在建工程 255.00
　　累计折旧 63.65
　　固定资产减值准备 32.85
　贷：固定资产 351.50

(6) 2×20 年 3 月 12 日，支付该设备改良价款，结转改良后设备成本。
借：在建工程 25
　贷：银行存款 25
借：固定资产 280
　贷：在建工程 280

(7) 2×20 年该设备计提的折旧额=(280－16)/8×9/12=24.75(万元)

借：制造费用　　24.75

　贷：累计折旧　　24.75

(8) 2×21 年该设备计提的折旧额=(280－16)/8=33(万元)

借：制造费用　　33

　贷：累计折旧　　33

(9) 2×21 年 12 月 31 日，处置该设备。

处置时的账面价值=280－24.75－33=222.25(万元)

借：固定资产清理　　222.25

　　累计折旧　　57.75

　贷：固定资产　　280.00

借：银行存款　　10

　贷：固定资产清理　　10

借：银行存款　　30

　贷：固定资产清理　　30

借：固定资产清理　　3

　贷：银行存款　　3

借：营业外支出　　185.25

　贷：固定资产清理　　185.25

第 8 章 无形资产

Chapter 8

学习目标

本章主要讲解无形资产的定义、分类及其会计处理。通过本章的学习，同学们应当了解无形资产的定义和特征、无形资产的确认条件，并熟练掌握与无形资产相关的会计处理，包括：不同方式取得无形资产的初始计量和后续计量、无形资产的减值准备和处置等。

学习指导

一、学习重点

1. 了解自行研发无形资产过程中研究阶段和开发阶段的区分，并重点掌握开发阶段相关支出资本化的条件，资本化支出和费用化支出的会计处理。

2. 无形资产摊销的核算要考虑无形资产的使用寿命，使用寿命有限的无形资产先摊销再考虑减值，使用寿命不确定的无形资产不考虑摊销事宜，只在每年年末进行减值测试。学习中注意了解关于无形资产使用寿命的判断。

二、学习难点

初学者在学习无形资产时可对比固定资产的章节，但应注意无形资产的特殊性。其中的难点包括无形资产的范围，自行研发无形资产时研究阶段和开发阶段的区分以及无形资产减值准备的会计处理。

练习题

一、单项选择题

1. 下列各项中，关于无形资产摊销表述不正确的是（　　）。

A. 使用寿命不确定的无形资产不应摊销

B. 出租无形资产的摊销额应计入管理费用

C. 使用寿命有限的无形资产处置当月不再摊销

D. 无形资产的摊销方法主要有直接法和生产总量法

2. 下列各项中，属于企业的无形资产的是（　　）。

A. 持有以备增值后转让的土地使用权

B. 企业自创的商誉

C. 租入的无形资产

D. 有偿取得的经营特许权

3. 下列各项关于无形资产会计处理的表述中，正确的是（　　）。

A. 自行研究开发的无形资产在尚未达到预定用途前无须考虑减值

B. 非同一控制下的企业合并中，购买方应确认被购买方在该项交易前未确认但可单独辨认且公允价值能够可靠计量的无形资产

C. 使用寿命不确定的无形资产在持有过程中不应该摊销也不考虑减值

D. 同一控制下的企业合并中，合并方应确认被合并方在该项交易前未确认的无形资产

4. 下列各项中，制造企业应当确认为无形资产的是（　　）。

A. 自创的商誉

B. 取得的土地使用权

C. 企业合并产生的商誉

D. 开发项目研究阶段发生的支出

5. 下列各项中，可以确认为企业资产的是（　　）。

A. 租入的设备　　B. 企业的人力资源

C. 计划购买的生产设备　　D. 外购的商标权

6. 不可辨认的无形资产是（　　）。

A. 专利权　　B. 非专利技术

C. 商标权　　D. 商誉

7. 下列各项中，属于资本性支出的是（　　）。

A. 购买专利权的支出　　B. 支付设备日常维修费

C. 支付业务招待费　　D. 支付行政人员工资

8. 甲公司为增值税一般纳税人，20×9年1月5日以2 700万元购入一项专利权，另支付相关税费120万元。为推广由该专利权生产的产品，甲公司发生广告宣传费60万元。该专利权预计使用5年，预计净残值为0，采用直线法摊销。假设不考虑其他因素，20×9年12月31日该专利权的账面价值为（　　）万元。

A. 2 160　　B. 2 256　　C. 2 304　　D. 2 700

9. 甲公司20×8年度发生的有关交易或事项如下：2月5日，甲公司以1 800万元的价格从产权交易中心竞价获得一项专利权，另支付相关税费90万元。为推广由该专利权生产的产品，甲公司发生宣传广告费用25万元、展览费15万元。该专利权预计使用5年，预计净残值为0，采用直线法摊销。甲公司竞价取得专利权的入账价值是（　　）万元。

A. 1 800　　B. 1 890　　C. 1 915　　D. 1 930

10. 20×1年3月，某企业开始自行研发一项非专利技术，20×1年12月31日研发成功并达到预定可使用状态，累计研究支出为160万元，累计开发支出为500万元（其中符合资本化条件的支出为400万元），该非专利技术使用寿命不能合理确定。假定不考虑其他因素，该业务导致企业20×1年利润总额减少（　　）万元。

A. 100　　B. 160　　C. 260　　D. 660

11. 2016年1月1日，某企业开始自行研究开发一套软件，研究阶段发生支出30万元，开发阶段发生支出125万元（不考虑增值税）。开发阶段的支出均满足资本化条件，4月15日，该软件开发成功并依法申请了专利，支付相关手续费1万元。不考虑其他因素，该项无形资产的入账价值为（　　）万元。

A. 126　　B. 155　　C. 125　　D. 156

12. 2013年3月1日，某企业开始自行研发一项非专利技术，2014年1月1日研发成功并达到预定可使用状态。该非专利技术研究阶段累计支出为300万元（均不含资本化条件），开发阶段的累计支出为800万元（其中不符合资本化条件的支出为200万元）。不考虑其他因素，企业该非专利技术的入账价值为（　　）万元。

A. 800　　B. 900　　C. 1 100　　D. 600

13. 研究开发活动无法区分研究阶段和开发阶段的，当期发生的研究开发支出应在资产负债表日确认为（　　）。

A. 无形资产　　B. 管理费用　　C. 研发支出　　D. 营业外支出

14. 甲公司自行研发一项新技术，累计发生研究开发支出800万元，其中符合资本化条件的支出为500万元。研发成功后向国家专利局提出专利权申请并获得批准，实际发生注册登记费8万元，为使用该项新技术发生的有关人员培训费为6万元。不考虑其他因素，甲公司该项无形资产的入账价值为（　　）万元。

A. 508　　B. 514　　C. 808　　D. 814

15. 甲公司20×7年1月10日开始自行研究开发无形资产，12月31日达到预定用途。其中，研究阶段发生职工薪酬30万元，计提专用设备折旧40万元；进入开发阶段后，相关支出符合资本化条件前发生职工薪酬30万元，计提专用设备折旧30万元，符合资本化条件后发生职工薪酬100万元，计提专用设备折旧200万元。假定不考虑其他因素，甲公司20×7年对上述研发支出进行的下列会计处理中，正确的是（ ）。

A. 确认管理费用70万元，确认无形资产360万元

B. 确认管理费用30万元，确认无形资产400万元

C. 确认管理费用130万元，确认无形资产300万元

D. 确认管理费用100万元，确认无形资产330万元

16. 2013年1月1日，甲公司某项特许使用权的原价为960万元，已摊销600万元，已计提减值准备60万元。预计尚可使用年限为2年，预计净残值为0，采用直线法按月摊销。不考虑其他因素，2013年1月甲公司该项特许使用权应摊销的金额为（ ）万元。

A. 12.5　　B. 15　　C. 37.5　　D. 40

17. 甲公司在编制2017年度财务报表时，发现2016年度某项管理用无形资产未摊销，应摊销金额为20万元，甲公司将该20万元补记的摊销额计入2017年度的管理费用，甲公司2016年和2017年实现的净利润分别为20 000万元和15 000万元。不考虑其他因素，甲公司上述会计处理体现的会计信息质量要求是（ ）。

A. 重要性　　B. 相关性　　C. 可比性　　D. 及时性

18. 下列各项关于无形资产的表述中，不正确的是（ ）。

A. 使用寿命不确定的无形资产不应进行摊销

B. 无形资产的摊销方法应反映其经济利益的预期实现方式

C. 各种无形资产的摊销额应全部计入当期损益

D. 使用寿命有限的无形资产自可供使用当月起开始摊销

19. 某企业2×10年1月1日购入一项专利权，价值为180 000元，预计使用年限为8年，预计净残值为0，采用直线法对其进行摊销。2×15年该专利权发生了减值，可收回金额为25 000元。2×16年企业应对该专利权计提的摊销额为（ ）元。

A. 22 500　　B. 12 500　　C. 8 333.33　　D. 15 833.33

20. 如果合同没有规定受益年限，法律也没有规定有效年限，无形资产摊销年限不超过（ ）年。

A. 5　　B. 10　　C. 15　　D. 20

21. 下列关于无形资产会计处理的表述中，正确的是（ ）。

A. 当月增加的使用寿命有限的无形资产从下月开始摊销

B. 无形资产摊销方法应当反映其经济利益的预期实现方式

C. 价款支付具有融资性质的无形资产以总价款确定初始成本

D. 使用寿命不确定的无形资产应采用年限平均法按10年摊销

22. 企业计提无形资产减值准备，应当（ ）。

A. 借记“管理费用”科目，贷记“无形资产”科目

B. 借记“资产减值损失”科目，贷记“无形资产减值准备”科目

C. 借记“管理费用”科目，贷记“无形资产减值准备”科目

D. 借记“资产减值损失”科目，贷记“无形资产”科目

23. 2014年12月31日，甲公司某项无形资产的原价为120万元，已摊销42万元，未计提减值准备，当日，甲公司对该项无形资产进行减值测试，预计公允价值减去处置费用后的净额为55万元，未来现金流量的现值为60万元，2014年12月31日，甲公司应为该无形资产计提的减值准备为（ ）万元。

A. 18　　B. 23　　C. 60　　D. 65

24. 20×8年1月20日，甲公司自行研发的某项非专利技术已经达到预定可使用状态，累计研究支出为80万元，累计开发支出为250万元（其中符合资本化条件的支出为200万元）；但使用寿命不能合理确定。20×8年12月31日，该项非专利技术的可收回金额为180万元。假定不考虑相关税费，甲公司应就该项非专利技术计提的减值准备为（ ）万元。

A. 20　　B. 70　　C. 100　　D. 150

25. 某企业转让一项专利权，与此有关的资料如下：该专利权的账面余额为50万元，已摊销20万元，计提资产减值准备5万元，取得转让价款28万元，应交税费1.4万元。假设不考虑其他因素，该企业应确认的转让无形资产净收益为（ ）万元。

A. －2　　B. 1.6　　C. 3　　D. 8

26. 某企业转让专利使用权，租赁期为5年，每年年末收取10万元，2015年无形资产摊销6万元。不考虑其他因素，该事项对营业利润的影响金额为（ ）万元。

A. 6　　B. 4　　C. 50　　D. 10

27. 2017年7月，某制造业企业转让一项专利权，开具的增值税专用发票上注明的价款为100万元，增值税税额为6万元，全部款项已存入银行。该专利权成本为200万元，已摊销150万元。不考虑其他因素，该企业转让专利权对利润总额的影响金额为（ ）万元。

A. －100　　B. 50　　C. 56　　D. －94

28. 企业出租无形资产取得的收入，应计入（ ）。

A. 营业外收入　　B. 主营业务收入

C. 其他业务收入　　D. 投资收益

二、多项选择题

1. 下列项目中，属于无形资产的有（ ）

A. 专利权　　　B. 应收账款　　　C. 应付账款　　　D. 商誉

2. 某公司为增值税一般纳税人，2017年1月4日购入一项无形资产，取得的增值税专用发票注明的价款为880万元，增值税税额为52.8万元。该无形资产使用年限为5年，按年进行摊销，预计净残值为0。下列关于该项无形资产的会计处理中，正确的有（　　）。

A. 2017年1月4日取得该项无形资产的成本为880万元

B. 该项无形资产自2017年2月起开始摊销

C. 该无形资产的应计摊销额为932.8万元

D. 2017年12月31日该项无形资产的累计摊销额为176万元

3. 下列关于无形资产会计处理的表述中，正确的有（　　）。

A. 无形资产均应确定预计使用年限并分期摊销

B. 有偿取得的自用土地使用权，应确认为无形资产

C. 内部研发项目开发阶段支出，应全部确认为无形资产

D. 无形资产减值损失一经确认，在以后会计期间不得转回

4. 甲公司为增值税一般的纳税人，2×17年1月1日，甲公司通过公开拍卖市场以5 000万元购买一块可使用50年的土地使用权，用于建造商品房。为建造商品房，甲公司于2×17年3月1日向银行专门借款4 000万元，年利率5%（等于实际利率），截至2×17年12月31日，建造商品房累计支出5 000万元，增值税进项税额565万元，商品房尚在建造过程中，专门借款未使用期间获得投资收益5万元。不考虑其他因素，下列各项关于甲公司购买土地使用权建造商品房会计处理的表述中，正确的有（　　）。

A. 2×17年专门借款应支付的利息计入所建造商品房的成本

B. 购买土地使用权发生的成本计入所建造商品房的成本

C. 专门借款未使用期间获得的投资收益冲减所建造商品房的成本

D. 建造商品房所支付的增值税进项税额计入所建造商品房的成本

5. 下列各项有关无形资产会计处理的表述中，正确的有（　　）。

A. 企业内部产生的品牌不应当确认为无形资产

B. 非同一控制下企业合并中取得的可单独辨认的无形资产在公允价值能够可靠计量时应当确认为无形资产

C. 当无形资产预期不能为企业带来经济利益时，应当转销其账面价值并计入当期利益

D. 使用寿命有限的无形资产在计算摊销额时应当考虑净残值因素

6. 下列关于工业企业无形资产会计处理的表述中，正确的有（　　）。

A. 使用寿命不确定的无形资产，不予以摊销

B. 无形资产减值损失一经确认，在以后会计期间不得转回

C. 使用寿命有限的无形资产，不计提减值准备

D. 租出无形资产的摊销额，应计入其他业务成本

7. 北方公司为从事房地产开发的上市公司，20×8 年 1 月 1 日，外购位于甲地块上的一栋写字楼，作为自用办公楼，甲地块的土地使用权能够单独计量；20×8 年 3 月 1 日，购入乙地块和丙地块，分别用于开发对外出售的住宅楼和写字楼，至 20×9 年 12 月 31 日，该住宅楼和写字楼尚未开发完成；20×9 年 1 月 1 日，购入丁地块，作为办公区的绿化用地，至 20×9 年 12 月 31 日，丁地块的绿化已经完成。假定不考虑其他因素，下列各项中，北方公司 20×9 年 12 月 31 日不应单独确认为无形资产（土地使用权）的有（　）。

A. 甲地块的土地使用权　　B. 乙地块的土地使用权

C. 丙地块的土地使用权　　D. 丁地块的土地使用权

8. 对于企业内部开发项目发生的开发支出，须确认为无形资产的条件有（　）。

A. 完成该无形资产以使其能够使用或出售在技术上具有可行性

B. 具有完成该无形资产并使用或出售的意图

C. 对该无形资产为企业带来利益流入的方式和能力进行确认

D. 有足够的技术、财务资源和其他资源支持，已完成该无形资产的开发，并有能力使用或出售该无形资产

9. 2×10 年 1 月 1 日，某企业购入一项专利技术，当日投入使用，初始入账价值为 500 万元，摊销年限为 10 年，采用直线法摊销。2×13 年 12 月 31 日，该项专利技术预计可收回金额为 270 万元。假定不考虑其他因素，2×13 年 12 月 31 日关于该项专利技术的会计处理表述正确的有（　）。

A. 2×13 年 12 月 31 日该项专利技术的账面价值为 270 万元

B. 2×13 年的摊销总额为 50 万元

C. 2×13 年的摊销总额为 45 万元

D. 2×13 年 12 月 31 日该项专利技术的账面价值为 300 万元

10. 下列关于无形资产会计处理的表述中，正确的有（　）。

A. 使用寿命不确定的无形资产，至少应于每年年末进行减值测试

B. 计提的减值准备在以后会计期间可以转回

C. 使用寿命不确定的无形资产，不进行摊销

D. 使用寿命有限的，摊销方法由年限平均法变更为产量法，按会计估计变更处理

11. 下列关于企业内部研发支出会计处理的表述中，正确的有（　）。

A. 开发阶段的支出，满足资本化条件的，应予以资本化

B. 无法合理分配的多项开发活动所发生的共同支出，应全部予以费用化

C. 无法区分研究阶段和开发阶段的支出，应全部予以费用化

D. 研究阶段的支出，应全部予以费用化

12. 下列关于企业无形资产摊销的会计处理中，正确的有（　　）。

A. 对使用寿命有限的无形资产选择的摊销方法应当一致地运用于不同会计期间

B. 持有待售的无形资产不进行摊销

C. 使用寿命不确定的无形资产按照不低于10年的期限进行摊销

D. 使用寿命有限的无形资产自可供使用时起开始摊销

13. 下列关于专门用于产品生产的专利权会计处理的表述中，正确的有（　　）。

A. 该专利权的摊销金额应计入管理费用

B. 该专利权的使用寿命至少应于每年年度终了进行复核

C. 该专利权的摊销方法至少应于每年年度终了进行复核

D. 该专利权应以成本减去累计摊销和减值准备后的余额进行后续计量

14. 下列各项中，关于无形资产会计处理的表述正确的有（　　）。

A. 使用寿命不确定的无形资产应按生产总量法摊销

B. 无形资产减值损失确认后不得转回

C. 使用寿命有限的无形资产应进行摊销

D. 使用寿命不确定的无形资产不计提减值准备

15. 企业估计无形资产使用寿命应考虑的因素有（　　）。

A. 无形资产相关技术的未来发展情况

B. 使用无形资产生产的产品的寿命周期

C. 使用无形资产生产的产品的市场需求情况

D. 现在或潜在的竞争者预期将采取的研发战略

16. 下列关于无形资产后续计量的表述中，正确的有（　　）。

A. 至少应于每年年度终了对以前确定的无形资产残值进行复核

B. 应在每个会计期间对使用寿命不确定的无形资产的使用寿命进行复核

C. 至少应于每年年度终了对使用寿命有限的无形资产的使用寿命进行复核

D. 至少应于每年年度终了对使用寿命有限的无形资产的摊销方法进行复核

17. 下列关于使用寿命有限的无形资产摊销的表述中，正确的有（　　）。

A. 自达到预定用途的下月起开始摊销

B. 至少应于每年年末对使用寿命进行复核

C. 有特定产量限制的经营特许权，应采用产量法进行摊销

D. 无法可靠确定与其有关的经济利益预期实现方式的，应采用直线法进行摊销

18. 下列关于企业土地使用权的会计处理中，正确的有（ ）。

A. 工业企业将持有并准备增值后转让的土地使用权作为投资性房地产核算

B. 工业企业将购入用于建造办公楼的土地使用权作为无形资产核算

C. 工业企业将出租的自有土地使用权作为无形资产核算

D. 房地产开发企业将购入用于建造商品房的土地使用权作为存货核算

19. 下列各项关于土地使用权会计处理的表述中，正确的有（ ）。

A. 为建造固定资产购入的土地使用权确认为无形资产

B. 房地产开发企业为开发商品房购入的土地使用权确认为存货

C. 用于出租的土地使用权及其地上建筑物一并确认为投资性房地产

D. 用于建造厂房的土地使用权摊销金额在厂房建造期间计入在建工程成本

三、判断题

1. 企业自创的商誉应作为无形资产入账。（ ）

2. 无形资产预期不能为企业带来未来经济利益的，企业应当将其账面价值转入当期损益。（ ）

3. 研究阶段发生的无形资产研发支出应计入当期管理费用，开发阶段发生的无形资产研发支出应计入无形资产成本。（ ）

4. 企业无法区分开发与研究阶段所发生的费用，应全部费用化计入当期损益。（ ）

5. 资产负债表中，“开发支出”项目应根据“研发支出”科目中所属的“资本化支出”明细科目余额填列。（ ）

6. 使用寿命有限的无形资产应当自达到预定用途的下月起开始摊销。

（ ）

7. 会计期末，企业应对使用寿命不确定的无形资产进行摊销。（ ）

8. 企业用于生产某种产品的、已确认为无形资产的非专利技术，其摊销金额应计入当期管理费用。（ ）

9. 专门用于生产某产品的无形资产，其所包含的经济利益通过所生产的产品实现的，该无形资产的摊销额应计入产品成本。（ ）

10. 企业将土地使用权用于自行开发建造自用厂房的，该土地使用权与厂房应分别进行摊销和提取折旧。（ ）

四、计算题

1. 甲公司2015年至2016年与F专利技术有关的资料如下：

资料一：2015年1月1日，甲公司与乙公司签订F专利技术转让协议，协议约定，该专利技术的转让价款为2 000万元。甲公司于协议签订日支付400万元，其余款项自当年起分4次每年年末支付400万元。当日，甲、乙公司办妥相关手续，甲公司以银行存款支付400万元，立即将该专利技术用于产品生产，预计使用10年，预计净残值为0，采用直线法摊销。甲公司计算确定的该长期应付款的实际年利率为6%，年金现值系数（P/A，6%，4）为3.47。

资料二：2016年1月1日，甲公司因经营方向转变，将F专利技术转让给丙公司，转让价款1 500万元收讫存入银行。同日，甲、丙公司办妥相关手续。假定不考虑其他因素。

要求：

（1）计算甲公司取得F专利技术的入账价值，并编制甲公司2015年1月1日取得F专利技术的相关会计分录。

（2）计算2015年专利技术的摊销额，并编制相关会计分录。

（3）分别计算甲公司2015年未确认融资费用的摊销金额及2015年12月31日长期应付款的摊余成本。

（4）编制甲公司2016年1月1日转让F专利技术的相关会计分录。

2. 甲公司20×1年至20×6年的有关交易或事项如下：

20×4年1月1日，甲公司与丁公司签订技术转让协议，自丁公司取得其拥有的一项专利技术。协议约定，专利技术的转让价款为1 500万元，甲公司应于协议签订之日支付300万元，其余款项自当年起分4次每年12月31日支付300万元。当日，甲公司与丁公司办理完成了专利技术的权利变更手续。

上述取得的专利技术用于甲公司机电产品的生产，预计使用10年，预计净残值为0，采用直线法摊销。

要求：计算甲公司取得的专利技术的入账价值，并编制相关会计分录。计算甲公司取得的专利技术的月摊销金额。

3. 甲公司适用的企业所得税税率为25%，预计未来期间适用的企业所得税税率不会发生变化，未来期间能够产生足够的应纳税所得额用以抵减可抵扣暂时性差异，甲公司发生的与某项专利技术有关的交易或事项如下：

资料一：2015年1月1日，甲公司以银行存款800万元购入一项专利技术用于新产品的生产，当日投入使用，预计使用年限为5年，预计净残值为0，采用年限平均法摊销，该专利技术的初始入账金额与计税基础一致。根据税法规定，2015年甲公司该专利技术的摊销额能在税前扣除的金额为160万元。

资料二：2016年12月31日，该专利技术出现减值迹象，经减值测试，该专利技术的可收回金额为420万元，预计尚可使用3年，预计净残值为0，仍采用年限平均法摊销。

资料三：甲公司2016年实现的利润总额为1 000万元，根据税法规定，2016年甲公司该专利技术的摊销额能在税前扣除的金额为160万元，当年对该专利技术计提的减值准备不允许税前扣除。除该事项外，甲公司无其他纳税调整事项。

本题不考虑除企业所得税以外的税费及其他因素。

要求：

（1）编制甲公司2015年取得专利技术的相关会计分录。

（2）计算2015年专利技术的摊销额并编制相关会计分录。

（3）计算甲公司2016年12月31日对专利技术应计提减值准备的金额并编制相关会计分录。

（4）计算2016年甲公司应交企业所得税、递延所得税资产和所得税费用的金额，并编制相关会计分录。

（5）计算甲公司2017年该专利技术应摊销的金额，并编制相关会计分录。

4. 甲公司20×1年至20×6年的有关交易或事项如下：

20×1年1月1日，甲公司与当地土地管理部门签订土地使用权置换合同，以其位于市区一宗30亩土地使用权，换取开发区一宗60亩土地使用权。

置换时，市区土地使用权的原价为1 000万元，累计摊销200万元，公允价值为4 800万元；开发区土地使用权的市场价格为每亩80万元。20×1年1月3日，甲公司向土地管理部门移交市区土地的有关资料，同时取得开发区土地的国有土地使用权证。

上述土地使用权自取得之日起采用直线法摊销，预计使用年限为50年，预计净残值为0。

20×5年1月1日，甲公司与戊公司签订土地使用权转让协议，将20×1年置换取得尚未使用的开发区内15亩土地转让给戊公司，转让价款为1 500万元。当日，甲公司收到转让价款1 500万元，并办理了土地使用权人变更手续。

要求：

（1）编制甲公司置入开发区土地使用权的相关会计分录。

（2）编制甲公司转让15亩土地使用权的相关会计分录。

5. 甲上市公司自行研究开发一项专利技术，与该项专利技术有关的资料如下：

（1）20×7年1月，该项研发活动进入开发阶段，以银行存款支付开发费用280万元，其中满足资本化条件的为150万元。20×7年7月1日，开发活动结束，并按法律程序申请取得专利权，供企业行政管理部门使用。

（2）该项专利权法律规定有效期为5年，采用直线法摊销。

（3）20×7年12月1日，将该项专利权转让，实际取得价款160万元，应交税费8万元，款项已存入银行。

要求：

（1）编制甲上市公司发生开发支出的会计分录。

（2）编制甲上市公司转销费用化开发支出的会计分录。

（3）编制甲上市公司形成专利权的会计分录。

（4）计算甲上市公司20×7年7月专利权摊销金额并编制会计分录。

（5）编制甲上市公司转让专利权的会计分录。

（答案中的金额单位用万元表示。）

参考答案

一、单项选择题

1. B	2. D	3. B	4. B	5. D
6. D	7. A	8. B	9. B	10. C
11. A	12. D	13. B	14. A	15. C
16. A	17. A	18. C	19. B	20. B
21. B	22. B	23. A	24. A	25. B
26. B	27. B	28. C		

二、多项选择题

1. AD	2. AD	3. BD	4. ABC	5. ABCD
6. ABD	7. BC	8. ABCD	9. AB	10. ACD
11. ABCD	12. ABD	13. BCD	14. BC	15. ABCD
16. ABCD	17. BCD	18. ABD	19. ABC	

三、判断题

1. ×	2. √	3. ×	4. √	5. √
6. ×	7. ×	8. ×	9. √	10. √

四、计算题

1.（1）F专利技术的入账价值＝400＋400×3.47＝1 788(万元)

借：无形资产	1 788	
未确认融资费用	212	
贷：银行存款		400
长期应付款		1 600

（2）2015年专利技术的摊销额＝1 788÷10＝178.8(万元)

借：生产成本/制造费用	178.80	
贷：累计摊销		178.80

（3）2015年未确认融资费用的摊销金额＝(1 600－212)×6%＝83.28(万元)

2015年12月31日长期应付款的摊余成本＝(1 600－400)－(212－83.28)

＝1 071.28(万元)

（4）2016年1月1日，转让F专利技术。

借：银行存款	1 500.00	
累计摊销	178.80	

资产处置损益 109.20

贷：无形资产 1 788.00

2. 取得的专利技术的入账价值＝300＋300×3.465 1＝1 339.53(万元)

借：无形资产 1 339.53

未确认融资费用 160.47

贷：银行存款 300.00

长期应付款 1 200.00

取得的专利技术的月摊销金额＝1 339.53÷10÷12＝11.16(万元)

3. (1) 2015 年取得专利技术。

借：无形资产 800

贷：银行存款 800

(2) 2015 年专利技术的摊销额＝800÷5＝160(万元)

借：制造费用 160

贷：累计摊销 160

(3) 2016 年 12 月 31 日，减值测试前的账面价值＝800－800÷5×2＝480 万元，大于其可收回金额 420 万元，所以发生减值，其减值金额＝480－420＝60 万元。

借：资产减值损失 60

贷：无形资产减值准备 60

(4) 2016 年应交所得税＝(1 000＋60)×25%＝265(万元)

2016 年确认的递延所得税资产＝60×25%＝15(万元)

2016 年所得税费用＝265－15＝250(万元)

借：递延所得税资产 15

所得税费用 250

贷：应交税费——应交所得税 265

(5) 2017 年该专利技术应摊销的金额＝420÷3＝140(万元)

借：制造费用 140

贷：累计摊销 140

4. (1) 置入开发区土地使用权。

借：无形资产 4 800

累计摊销 200

贷：无形资产 1 000

营业外收入 4 000

(2) 转让 15 亩土地使用权。

转让土地使用权部分的原价＝4 800÷60×15＝1 200(万元)

至转让时土地使用权已摊销金额＝1 200÷50×4＝96(万元)

借：银行存款	1 500	
累计摊销	96	
贷：无形资产		1 200
营业外收入		396
5.（1）借：研发支出——费用化支出	130	
——资本化支出	150	
贷：银行存款		280
（2）借：管理费用	130	
贷：研发支出——费用化支出		130
（3）借：无形资产	150	
贷：研发支出——资本化支出		150
（4）借：管理费用	2.50	
贷：累计摊销		2.50
（5）借：银行存款	160.00	
累计摊销	12.50	
贷：无形资产		150.00
应交税费		8.00
资产处置损益		14.50

教材习题解答

一、思考题

1. 什么是无形资产？无形资产有哪些主要特征？

无形资产是指企业拥有或者控制的没有实物形态的可辨认非货币性资产，包括专利权、商标权、著作权、特许权、非专利技术和土地使用权等。无形资产的主要特征表现为：（1）不具有实物形态；（2）具有可辨认性；（3）具有非货币性；（4）具有不确定性。

2. 什么是土地使用权？土地使用权是如何进行核算的？

土地使用权，是指国家准许某企业在一定期间内对国有土地享有开发、利用、经营的权利。根据我国土地管理法的规定，我国土地实行公有制，任何单位和个人不得侵占、买卖或者以其他形式非法转让。对于外购的土地使用权，通常应当按照取得时所支付的价款及相关税费确认为无形资产。土地使用权用于自行开发建造厂房等地上建筑物时，土地使用权的账面价值不得与地面上建筑物合并计算其成本，而仍作为无形资产进行核算。但是，如果房地产开发企业取得土地使用权用于建造对外出售的商品房时，其相关土地使用权的价值应当计入所建造房屋和建筑物的成本，即作为存货进行核算。企业外购房屋建筑物所支付的价款中包括土地使用权以及建筑物价值的，应当对实际支付的价款按照合理的方法在土地使用权和地上建筑物之间进行分配，并分别确认为无形资产和固定资产；如果确实无法合理分配的，应当全部作为固定资产，按照固定资产确认和计量的原则进行处理。企业改变土地使用权的用途，停止自用土地使用权而用于赚取租金或资本增值时，应将其账面价值转为投资性房地产。

3. 企业内部研发无形资产是如何进行核算的？

对于企业内部研发的专利权、非专利技术等，如果其符合无形资产定义并满足无形资产的确认条件，就应当考虑将其确认为一项无形资产。不过，鉴于研究开发费用的特殊性，在将其确认为无形资产时，还应满足一些特定的条件。在我国会计实务中，企业应将研发过程划分为研究阶段和开发阶段两个部分。对于研究阶段发生的支出，全部作费用化处理，计入当期损益；对于开发阶段发生的支出，在符合一定条件的情况下，确认为无形资产，否则也作费用化处理。无法区分研究阶段和开发阶段的支出，应当在发生时作为管理费用，全部计入当期损益。

4. 如何判断和分析无形资产的使用寿命？意义何在？

无形资产的后续计量取决于无形资产的使用寿命能否可靠地确定，对于使用寿命能够可靠确定的无形资产，应将其认定为使用寿命有限的无形资产，并将初始入账成本在其有限的使用寿命内进行摊销；对于使用寿命不能够可靠确定的无形资产，应将其认定为使用寿命不确定的无形资产，且不再进行摊销，但应于每年年末进行减值测试。根据上述要求，企业对不同渠道取得的无形资产进行初始确认和计量后，就应对无形资产的使用寿命能否可靠确定进行判断和分析。鉴于无形资产多来源于法律或合同性权利、不具有实物形态、带来未来经济利益具有较大不确定性等特点，企业对无形资产使用寿命能否可靠确定的判断，往往要遵循以下顺序进行：(1) 法律法规有规定期限的，通常应以法律法规规定的期限为基础，将其认定为使用寿命有限的无形资产。(2) 无法律法规规定的，看相关合同是否有规定年限，如果企业签订的具有法律效力的合同有规定期限的，应据此将其认定为使用寿命有限的无形资产。(3) 法律法规和合同都没有规定使用寿命的，企业应当综合各方面因素判断，以确定无形资产能为企业带来经济利益的期限。经过上述方法仍无法合理确定无形资产为企业带来经济利益的期限的，企业应将其认定为使用寿命不确定的无形资产。

5. 使用寿命有限的无形资产是如何进行核算的？

对于使用寿命有限的无形资产，企业应自取得的当月起对其进行摊销。无形资产的摊销方法应能准确反映与该项无形资产有关的经济利益的预期实现方式，可供选择的无形资产摊销方法包括直线法、生产总量法、双倍余额递减法等。无法可靠确定预期实现方式的，应当采用直线法摊销。无形资产的应摊销额为其取得成本扣除预计残值后的金额，如果无形资产计提了减值准备，那么，其随后期间的应摊销额还应扣除已计提的减值准备。使用寿命有限的无形资产，其残值通常为零。

6. 使用寿命不确定的无形资产是如何进行核算的？

对于使用寿命不确定的无形资产，在持有期间内不需要摊销，但为了避免其价值被高估，企业应当在每一会计期末对其进行减值测试。无形资产发生减值时，借记“资产减值损失”科目，贷记“无形资产减值准备”科目。

7. 无形资产处置有哪几种情况？分别如何进行核算？

无形资产的处置，主要是指无形资产出售、对外出租，或者是无法为企业带来未来经济利益时，应予转销并终止确认等。

（1）企业出售无形资产，应当将取得的价款与该无形资产账面价值的差额计入当期损益。按出售无形资产所得价款，借记“银行存款”等科目；按累计摊销额，借记“累计摊销”科目；按已计提的减值准备，借记“无形资产减值准备”科目；按无形资产的初始入账价值，贷记“无形资产”科目；按其差额，贷记或借记“资产处置损益”科目。

（2）企业出租无形资产，其实质是企业让渡无形资产的使用权，通常应作为其他业务处理。按让渡无形资产使用权取得的租金收入，借记“银行存款”等科目，贷记“其他业务收入”科目；按摊销出租无形资产的成本及发生与转让有关的各种费用支出，借记“其他业务成本”科目，贷记“累计摊销”等科目。

（3）无形资产报废，是指无形资产预期不能为企业带来经济利益时对其进行的处置。企业报废无形资产时，应当将其账面价值予以转销。按已计提的累计摊销额，借记“累计摊销”科目；按已计提的减值准备，借记“无形资产减值准备”科目；按其账面余额，贷记“无形资产”科目；按其差额，借记“营业外支出”科目。

二、练习题

1. 编制红星公司与无形资产相关的会计分录。

（1）2×17年7月1日购入。

借：无形资产	3 000 000	
贷：银行存款		3 000 000

（2）2×17年7月1日至2×20年7月1日摊销。

每年摊销＝3 000 000/5＝600 000（元）

借：管理费用　　1 800 000

　贷：累计摊销　　1 800 000

(3) 2×20 年 7 月 1 日出售。

借：银行存款　　500 000

　　累计摊销　　1 800 000

　　资产处置损益　　730 000

　贷：无形资产　　3 000 000

　　　应交税费　　30 000

2. 编制甲公司各年度与该项无形资产相关的会计分录。

(1) 借：研发支出——资本化支出　　3 000 000

　　　　　　——费用化支出　　1 500 000

　　贷：原材料　　3 000 000

　　　　应付职工薪酬　　1 000 000

　　　　银行存款　　500 000

(2) 借：研发支出——资本化支出　　1 500 000

　　　　　　——费用化支出　　200 000

　　贷：原材料　　1 000 000

　　　　应付职工薪酬　　500 000

　　　　银行存款　　200 000

借：无形资产　　4 500 000

　　管理费用　　1 700 000

　贷：研发支出——资本化支出　　4 500 000

　　　　　　——费用化支出　　1 700 000

(3) 无形资产每年摊销＝4 500 000/10＝450 000(元)

2×09 年 7 月 10 日至 2×12 年 1 月 10 日累计摊销

＝450 000×2＋450 000/12×6＝1 125 000(元)

借：管理费用　　1 125 000

　贷：累计摊销　　1 125 000

出售专利技术：

借：银行存款　　3 000 000

　　累计摊销　　1 125 000

　　资产处置损益　　375 000

　贷：无形资产　　4 500 000

第 9 章
Chapter 9 负　债

学习目标

本章主要讲解与负债相关的内容。通过本章的学习，同学们应当掌握流动负债和非流动负债的会计处理，理解“应交税费”科目的用法及其法律依据，了解预计负债的含义与会计处理。

学习指导

一、学习重点

在本章中，应当掌握负债的定义及分类，重点学习“应付职工薪酬”“应交税费”“长期借款”“应付债券”等科目的处理方法。这些科目在企业的业务中会经常涉及，并且对后续阶段进一步的会计学习有奠基作用。

在学习应交增值税时，应当注意区分一般纳税人和小规模纳税人。在一般纳税人的会计处理中，还要对应交税费的明细科目多加记忆。

二、学习难点

本章中，“应交税费”科目下核算的内容较为庞杂。尤其是初次接触增值税相关处理的读者，需要对征税原理和涉及的相关子科目仔细揣摩。除此之外，应付债券需要进行摊销额的计算，这种计算方法在会计领域中较为常用，但是对于初学者，需要下功夫来理解。

练习题

一、单项选择题

1. 下列各项中，不属于企业流动负债的是（　　）。

A. 预收购货款　　　　B. 预付采购材料款

C. 应付采购商品款　　　　　　　　D. 购买材料开出的商业承兑汇票

2. 2017 年 8 月 31 日，某企业负债总额为 500 万元，9 月份收回应收账款 60 万元，以银行存款归还短期借款 40 万元，预收客户货款 20 万元。不考虑其他因素，2017 年 9 月 30 日该企业负债总额为（　）万元。

A. 460　　B. 480　　C. 440　　D. 380

3. 按现行会计制度规定，短期借款所发生的利息，可直接记入的会计科目是（　）。

A. “投资收益”　　　　B. “管理费用”

C. “营业外支出”　　　D. “财务费用”

4. 某企业 20×8 年 7 月 1 日向银行借入资金 60 万元，期限 6 个月，年利率为 6%，到期还本，按月计提利息，按季付息。该企业 7 月 31 日应计提的利息为（　）万元。

A. 0.3　　B. 0.6　　C. 0.9　　D. 3.6

5. 2012 年 9 月 1 日，某企业向银行借入一笔期限 2 个月，到期一次还本付息的生产经营周转借款 200 000 元，年利率 6%。借款利息不采用预提方式，于实际支付时确认。11 月 1 日，企业以银行存款偿还借款本息的会计处理正确的是（　）。

A. 借：短期借款　　200 000
　　　应付利息　　2 000
　　贷：银行存款　　202 000

B. 借：短期借款　　200 000
　　　应付利息　　1 000
　　　财务费用　　1 000
　　贷：银行存款　　202 000

C. 借：短期借款　　200 000
　　　财务费用　　2 000
　　贷：银行存款　　202 000

D. 借：短期借款　　202 000
　　贷：银行存款　　202 000

6. 下列经济业务会引起资产类项目和负债类项目同时减少的是（　）。

A. 从银行提取现金

B. 赊购原材料

C. 用银行存款归还企业的银行短期借款

D. 接受投资者投入现金资产

7. 下列各项中，应根据相关总账科目的余额直接在资产负债表中填列的项目是（　）。

A.“应付账款”　　　　　　　　B.“固定资产”

C.“长期借款”　　　　　　　　D.“短期借款”

8. 一般纳税人企业发生下列业务时，会计分录中的贷方科目不会出现“应交税费——应交增值税（销项税额）”的是（　）。

A. 对外投资转出原材料

B. 对外捐赠转出原材料

C. 在建工程领用原材料

D. 以自产商品用于集体福利

9. 某小规模纳税企业20×3年11月购进材料100 000元，取得的增值税专用发票上注明的增值税税额为13 000元；当月销售产品取得收入800 000元（不含税）。如果该企业适用的增值税征收率为3%，则本月应交增值税为（　　）元。

A. 17 000　　B. 24 000　　C. 31 000　　D. 65 000

10. C公司系增值税一般纳税人，为生产产品购入一批原材料，增值税专用发票上注明的价格为210 000元，增值税税额为27 300元。C公司后来将这批原材料的10%用于生产免征增值税的产品。为生产免征增值税产品而领用原材料时，“应交税费”的正确会计处理是（　　）。

A. 借记“应交税费——应交增值税（进项税额转出）”科目2 730元

B. 贷记“应交税费——应交增值税（进项税额转出）”科目2 730元

C. 借记“应交税费——应交增值税（销项税额）”科目2 730元

D. 贷记“应交税费——应交增值税（销项税额）”科目2 730元

11. B公司为增税值一般纳税人，2×10年3月初“应交税费——应交增值税”账户无余额，3月份销项税额30 000元，进项税额40 000元，进项税额转出20 000元。B公司3月份应交增值税（　　）元。

A. −10 000　　B. −30 000　　C. 10 000　　D. 20 000

12. 甲公司为增值税一般纳税人，适用的增值税税率为13%。2019年10月，甲公司董事会决定将本公司生产的100件产品作为福利发放给公司管理人员。该批产品的单件成本为1.2万元，市场销售价格为每件2万元（不含增值税）。除增值税以外不考虑其他相关税费，甲公司在2019年因该项业务记入“应交税费——应交增值税（销项税额）”的金额为（　）万元。

A. 20.4　　B. 26　　C. 140.4　　D. 234

13. 企业缴纳当月应交的增值税时，应通过（　）科目核算。

A.“应交税费——应交增值税（进项税额）”

B.“应交税费——应交增值税（进项税额转出）”

C.“应交税费——应交增值税（已交税金）”

D. “应交税费——应交增值税（销项税额）”

14. 2019 年 9 月 1 日，某企业购入原材料一批，开出一张面值为 113 000 元，期限为 3 个月的不带息的商业承兑汇票。2019 年 12 月 1 日该企业无力支付票款时，下列会计处理正确的是（　　）。

A. 借：应付票据　113 000
　　贷：短期借款　11 3000

B. 借：应付票据　113 000
　　贷：其他应付款　113 000

C. 借：应付票据　113 000
　　贷：应付账款　113 000

D. 借：应付票据　113 000
　　贷：预付账款　113 000

15. 下列各项中，关于资产负债表“预收款项”项目填列方法表述正确的是（　　）。

A. 根据“预收账款”科目的期末余额填列

B. 根据“预收账款”和“应收账款”科目所属明细各科目的期末贷方余额合计数填列

C. 根据“预收账款”和“预付账款”科目所属各明细科目的期末借方余额合计数填列

D. 根据“预收账款”和“应付账款”科目所属各明细科目的期末贷方余额合计数填列

16. 关于“应付账款”科目核算的内容，下列表述中不正确的是（　　）。

A. 贷方登记购买材料物资、接受劳务所形成的应付未付款项

B. 贷方登记冲销的无法支付的应付账款

C. 借方登记偿还的应付账款

D. 借方登记开出商业汇票抵付的应付账款

17. 对到期的带息商业承兑汇票，如果企业无力支付，应将应付汇票的本息转入（　　）。

A. 财务费用　B. 应付账款　C. 其他应付款　D. 营业外收入

18. 2017 年 12 月 31 日，某企业“应付账款——甲企业”明细科目贷方余额 40 000 元，“应付账款——乙企业”明细科目借方余额 10 000 元，“预付账款——丙企业”明细科目借方余额 30 000 元，“预付账款——丁企业”明细科目贷方余额 6 000 元。不考虑其他因素，该企业 2017 年 12 月 31 日资产负债表“应付账款”项目期末余额为（　　）元。

A. 36 000　B. 40 000　C. 30 000　D. 46 000

19. 如果企业预付款项业务不多且未设置“预付账款”科目，企业预付给供应商的采购款项，应记入（　）。

A. “应收账款”科目的借方

B. “应付账款”科目的贷方

C. “应收账款”科目的贷方

D. “应付账款”科目的借方

20. “应付账款”账户的期末余额等于（　）。

A. 期初余额＋本期借方发生额－本期贷方发生额

B. 期初余额－本期借方发生额－本期贷方发生额

C. 期初余额－本期借方发生额＋本期贷方发生额

D. 期初余额＋本期借方发生额＋本期贷方发生额

21. 下列各项中，应列入资产负债表“其他应付款”项目的是（　）。

A. 应付租入包装物租金

B. 应付租入固定资产租金

C. 结转到期无力支付的应付票据

D. 应付由企业负担的职工社会保险费

22. 企业转销无法支付的应付账款时，应将该应付账款账面余额计入（　）。

A. 资本公积　　B. 营业外收入

C. 其他业务收入　　D. 其他应付款

23. 其企业向客户收取了一笔服务费后承诺在后续两年内为其提供相应的技术咨询服务。不考虑其他因素，下列各项中，该企业收取服务费时应记入的会计科目是（　）。

A. “主营业务收入”　　B. “预收账款”

C. “其他业务收入”　　D. “其他应收款”

24. 某企业赊购一批原材料，取得的增值税专用发票注明的价款为10万元，增值税税额为1.3万元，现金折扣条件为“2/10，1/20，n/30”，计算现金折扣不考虑增值税。该企业购进原材料确认的应付账款金额为（　）万元。

A. 11.3　　B. 11.7　　C. 9.8　　D. 11.5

25. 企业以现金支付行政管理人员生活困难补助2 000元，应做的账务处理为（　）。

A. 借：管理费用　　2 000
　　贷：库存现金　　2 000

B. 借：其他业务成本　　2 000
　　贷：库存现金　　2 000

C. 借：应付职工薪酬——福利 2 000

贷：库存现金 2 000

D. 借：营业外支出 2 000

贷：库存现金 2 000

26. 甲公司系增值税一般纳税人，适用的增值税税率为13%。2019年4月5日，甲公司将自产的300件K产品作为福利发放给职工。该批产品的单位成本为400元，公允价值和计税价格均为600元。不考虑其他因素，甲公司应计入应付职工薪酬的金额为（ ）万元。

A. 18　　B. 14.04　　C. 12　　D. 20.34

27. 职工在规定期限内未领取的工资应贷记的科目是（ ）。

A. “其他应收款”　　B. “其他应付款”

C. “应付工资”　　D. “营业外收入”

28. 某企业计提生产车间管理人员基本养老保险费120 000元。下列各项中，关于该事项的会计处理正确的是（ ）。

A. 借：制造费用 120 000

贷：其他应付款 120 000

B. 借：制造费用 120 000

贷：银行存款 120 000

C. 借：管理费用 120 000

贷：应付职工薪酬——设定提存计划——基本养老保险费 120 000

D. 借：制造费用 120 000

贷：应付职工薪酬——设定提存计划——基本养老保险费 120 000

29. 甲公司实行累积带薪休假制度，当年未享受的休假只可结转至下一年度。2×14年年末，甲公司因当年度管理人员未享受休假而预计将于2×15年支付职工薪酬20万元。2×15年年末，该累积带薪休假尚有40%未使用，不考虑其他因素。下列各项中，关于甲公司因其管理人员2×15年未享受累积带薪休假而原多预计的8万元负债（应付职工薪酬）于2×15年的会计处理，正确的是（ ）。

A. 不做账务处理

B. 从应付职工薪酬转出计入资本公积

C. 冲减当期的管理费用

D. 作为会计差错追溯重述上年财务报表相关项目的金额

30. 企业实行累积带薪缺勤制度，带薪缺勤应计入（ ）。

A. 设定的短期提存计划资金

B. 设定的长期提存分享资金

C. 短期薪酬

D. 离职后福利

31. 不属于应付职工薪酬构成内容的是（　　）。

A. 工资　　B. 工会经费

C. 职工教育经费　　D. 出差期间的伙食补贴

32. 下列项目中，不属于“其他应付款”科目核算内容的是（　　）。

A. 存入保证金　　B. 应补付的货款

C. 应付赔偿金　　D. 应付租金

二、多项选择题

1. 下列各项中，属于负债类会计科目的有（　　）。

A. “短期借款”　　B. “长期借款”

C. “预收账款”　　D. “递延所得税负债”

2. 负债按其流动性不同可分为（　　）。

A. 流动负债　B. 非流动负债　C. 或有负债　D. 经营负债

3. 下列各项经济业务中，应通过“应交税费——应交增值税”科目核算的有（　　）。

A. 销售企业生产产品的应交增值税

B. 结转本月应交增值税

C. 经主管税务机关批准减、免的税款

D. 上交本月土地增值税

4. 下列各项中，应通过“应交税费”科目核算的有（　　）。

A. 增值税一般纳税人购进固定资产应支付的增值税进项税额

B. 为企业员工代扣代缴的个人所得税

C. 缴纳的耕地占用税

D. 缴纳的印花税

5. 下列属于流动负债的有（　　）。

A. 应付票据　　B. 应付账款

C. 一年内到期的长期借款　　D. 应交税费

6. 下列各项中，引起“应付票据”科目金额发生增减变动的有（　　）。

A. 开出商业承兑汇票购买原材料

B. 转销已到期无力支付票款的商业承兑汇票

C. 转销已到期无力支付票款的银行承兑汇票

D. 支付银行承兑汇票手续费

7. 下列各项中，应作为职工薪酬计入相关资产成本的有（　　）。

A. 设备采购人员差旅费

B. 公司总部管理人员的工资

C. 生产职工的伙食补贴

D. 材料入库前挑选整理人员的工资

8. 下列各项中，属于“应付职工薪酬”科目核算内容的有（　　）。

A. 已订立劳动合同的全职职工的奖金

B. 正式任命并聘请的独立董事津贴

C. 已订立劳动合同的临时职工的工资

D. 向住房公积金管理机构缴存的住房公积金

9. 甲公司2019年5月分配职工薪酬26万元，其中，生产工人工资12万元，奖金、津贴等薪酬3万元；在建工程人员工资5万元，奖金、津贴等薪酬1万元；行政管理人员工资4万元，奖金、津贴等薪酬1万元。当月职工工资21万元已发放。不考虑其他因素，下列各项中，关于甲公司职工薪酬的会计处理结果正确的是（　　）。

A. 计入生产成本的职工薪酬总额为12万元

B. 计入在建工程的职工薪酬总额为6万元

C. 计入生产成本的职工薪酬总额为15万元

D. 计入管理费用的职工薪酬总额为5万元

10. 下列各项中，应列入资产负债表“应付职工薪酬”项目的有（　　）。

A. 支付临时工的工资　　B. 发放困难职工的补助金

C. 缴纳职工的工伤保险费　　D. 支付辞退职工的经济补偿金

11. 某棉纺企业2019年5月1日租入房屋4套供管理人员免费使用，月租金共计12 000元，每月月末支付租金，企业于当月31日以银行存款支付本月租金12 000元。不考虑其他因素，下列有关该企业的会计处理正确的是（　　）。

A. 借：管理费用　　12 000
　　贷：银行存款　　12 000

B. 借：管理费用　　12 000
　　贷：应付职工薪酬——非货币性福利　　12 000

C. 借：应付职工薪酬——非货币性福利　　12 000
　　贷：银行存款　　12 000

D. 借：应付职工薪酬——非货币性福利　　12 000
　　贷：管理费用　　12 000

12. 下列各项中，应记入“应付利息”科目的有（　　）。

A. 计提的短期借款利息

B. 计提的一次还本付息债券利息

C. 计提的分期付息到期还本债券利息

D. 计提的分期付息到期还本长期借款利息

13. 下列各项中，应计入其他应付款的有（　　）。

A. 存入保证金

B. 应付销货方代垫的运杂费

C. 应付租入包装物租金

D. 到期无力支付的商业承兑汇票

14. 下列各项中，属于“其他应付款”科目核算内容的有（　　）。

A. 应付供货方代垫的运杂费

B. 应付投资者的现金股利

C. 应退回出租包装物收取的押金

D. 应付租入固定资产的租金

三、判断题

1. 上市公司董事会通过股票股利分配方案时，财会部门应将拟分配的股票股利确认为负债。（　　）

2. 短期借款利息在实际支付时不通过“短期借款”科目核算，但在预提时应通过“短期借款”科目核算。（　　）

3. 小规模纳税人销售货物采用销售额和应纳增值税税额合并定价的方法向客户结算款项时，应将其换算为不含税销售额，计算公式为：销售额＝含税销售额÷(1－征收率)。（　　）

4. 应付商业承兑汇票到期，企业无力支付票款的，应将应付票据按账面余额转入应付账款。（　　）

5. 预收账款是企业的一项负债，这项负债要以货币资金来偿付。（　　）

6. 应付账款应在实际收到货物时方可确认入账。（　　）

7. 企业在购买物资或劳务时，如果形成的应付账款有现金折扣，应付账款应按发票上记载的扣除折扣前的应付款总额入账。（　　）

8. 企业一般应设置“预收账款”科目，核算企业按照购销合同规定，向购货单位预先收取的款项；对于预收货款业务不多的企业，可以不设置“预收账款”科目，其所发生的预收账款，通过“应付账款”科目核算。（　　）

9. “预收账款”是资产类科目，“预付账款”是负债类科目。（　　）

10. 企业经批准转销无法支付的应付账款，应按其账面余额记入“其他综合收益”科目。（　　）

11. 应付账款附有现金折扣的，企业应按照扣除现金折扣后的应付款净额入账。（　　）

12. 以现金发放职工工资，会引起企业的现金减少和支付给职工的工资债务增加。（　　）

13. 企业应当在职工发生实际缺勤的会计期间确认与非累积带薪缺勤相关的应付职工薪酬。 ( )

14. 企业为职工缴纳的基本养老保险、补充养老保险，以及为职工购买的商业养老保险，均属于企业提供的职工薪酬。 ( )

15. 企业如将拥有的房屋等资产无偿提供给职工使用，应当根据受益对象不同将该住房每期应计提的折旧计入相关资产成本或当期损益，同时确认应付职工薪酬。 ( )

16. 对于设定提存计划，企业应当根据资产负债表日为换取职工在会计期间提供的服务而应向单独主体缴存的提存金，确认应付职工薪酬。 ( )

四、计算题

1. 金通公司为建造厂房，于2×17年1月1日从银行借入1 000万元，存入银行账户，借款期限为4年，年利率为12%，每年计息一次，到期一次还本付息。款项借入后，于同年4月1日以银行存款支付工程款800万元（假设该工程于2×17年4月1日开工，符合借款费用资本化条件），该厂房1年建造完成（于2×18年3月31日完工）并达到了预定可使用状态。

要求：请分别计算2×17年、2×18年资本化的借款利息额，并编制与购建固定资产相关的全部会计分录（金额单位用万元表示）。

2. 甲上市公司（简称甲公司）为增值税一般纳税人，适用的增值税税率为13%；除特别说明外，不考虑除增值税以外的其他相关税费；所售资产未发生减值；销售商品为正常的生产经营活动，销售价格为不含增值税的公允价格；商品销售成本在确认销售收入时逐笔结转。

2×19年12月甲公司发生下列经济业务：

12月31日，以本公司生产的产品作为福利发放给职工。发放给生产工人的产品不含增值税的公允价值为200万元，实际成本为160万元；发放给行政管理人员的产品不含增值税的公允价值为100万元，实际成本为80万元。产品已发放给职工。

要求：根据上述资料，编制甲公司相关业务的会计分录。

（“应交税费”科目要求写出明细科目及专栏名称；答案中的金额单位用万元表示。）

参考答案

一、单项选择题

1. B	2. B	3. D	4. A	5. C
6. C	7. D	8. C	9. B	10. B
11. C	12. B	13. C	14. C	15. B

16. B 17. B 18. D 19. D 20. C
21. A 22. B 23. B 24. A 25. C
26. D 27. B 28. D 29. C 30. C
31. D 32. B

二、多项选择题

1. ABCD 2. AB 3. AB 4. AB 5. ABCD
6. ABC 7. CD 8. ABCD 9. BCD 10. ABCD
11. BC 12. ACD 13. AC 14. ACD

三、判断题

1. × 2. × 3. × 4. √ 5. ×
6. × 7. √ 8. × 9. × 10. ×
11. × 12. × 13. √ 14. √ 15. √
16. √

四、计算题

1. 计算如下：

2×17年资本化的借款利息额＝1 000×12%×9/12＝90(万元)

2×18年资本化的借款利息额＝1 000×12%×3/12＝30(万元)

与购建固定资产相关的会计分录为：

(1) 2×17年1月1日，借款时。

借：银行存款 1 000
　贷：长期借款 1 000

(2) 2×17年4月1日，支付工程款时。

借：在建工程 800
　贷：银行存款 800

(3) 2×17年年末，计提利息时。

借：在建工程 90
　　财务费用 30
　贷：长期借款——应计利息 120

(4) 2×18年3月31日，完工时。

借：在建工程 30
　贷：长期借款——应计利息 30

同时，结转在建工程：

借：固定资产 920
　贷：在建工程 920

2. 甲公司相关业务的会计分录。

借：应付职工薪酬 339
　贷：主营业务收入（200＋100） 300
　　应交税费——应交增值税（销项税额） 39
借：主营业务成本（160＋80） 240
　贷：库存商品 240
借：生产成本 226
　管理费用 113
　贷：应付职工薪酬 339

教材习题解答

一、思考题

1. 什么是负债？负债具有哪些基本特征？

负债是指企业过去的交易或者事项形成的、预期会导致经济利益流出企业的现时义务。

负债具有以下几个方面的特征：一是负债是由企业过去的交易或者事项形成的。二是负债预期会导致经济利益流出企业。三是负债是企业承担的现时义务。

2. 什么是流动负债？流动负债的内容有哪些？

流动负债是指将在一年或超过一年的一个营业周期内偿还的债务，主要包括短期借款、应付票据、应付账款、预收账款、应付职工薪酬、应交税费、应付利润、其他应付款等。

3. 什么是职工薪酬？职工薪酬的内容有哪些？

职业薪酬是指企业为获得职工提供的服务或解除劳动关系而给予的各种形式的报酬或补偿，包括职工在职期间和离职后提供给职工的全部货币性薪酬和非货币性薪酬。企业提供给职工配偶、子女或其他被赡养人的福利等，也属于职工薪酬的内容。职工薪酬主要包括短期薪酬、离职后福利、辞退福利和其他长期职工福利。

4. 什么是应交税费？应交税费的内容有哪些？

"应交税费"账户反映的是各种税费的计算和缴纳情况。应交税费包括企业依法应缴纳的增值税、消费税、城市维护建设税、房产税、城镇土地使用税、车船税、教育费附加、矿产资源补偿费、代扣代缴的个人所得税等。

5. 一般纳税人的增值税是如何核算的？

一般纳税人应该在"应交税费"科目下设置"应交增值税"明细科目进行核算。"应交税费——应交增值税"明细账内，分别设置"进口税额""已交税金"

"销项税额""出口退税""进项税额转出"等专栏。符合条件的进项税额可以抵减。

6. 小规模纳税人的增值税是如何核算的？

小规模纳税人的增值税，应在"应交税费"科目下设置"应交增值税"明细科目进行核算，不需要再设置专栏。

小规模纳税人购入货物无论是否取得增值税专用发票，其支付的增值税税额均不计入进项税额，而计入购入货物的成本。其他企业从小规模纳税人购入货物或接受劳务支付的增值税税额，如果不能取得增值税专用发票，也不能作为进项税额抵扣，而应计入购入货物或应税劳务的成本。

小规模纳税人销售货物或提供应税劳务，实行简易办法计算应纳税额，按照销售额的一定比例计算；小规模纳税人的销售额不包括其应纳税额。采用销售额和应纳税额合并定价方法的，按照公式"不含税销售额＝含税销售额/（1＋征收率）"还原为不含税销售额计算。

7. 什么是非流动负债？非流动负债的内容有哪些？

非流动负债是指偿还期在一年或超过一年的一个营业周期以上的债务，包括长期借款、应付债券、长期应付款等。非流动负债大部分是由融资活动引起的借贷关系形成的。

8. 什么是应付债券？应付债券是如何核算的？

应付债券是指企业为筹集资金而依照法定程序发行，约定在一定日期还本付息的有价证券。在实际工作中，企业发行债券的期限通常在一年以上，因而构成了一项非流动负债。

应付债券的核算包括债券发行、利息调整的摊销和到期还本付息三个环节。

二、练习题

1. 和信公司发放非货币性福利的会计处理如下：

（1）用自产产品液晶电视发放非货币性福利。

1）决定发放非货币性福利时。

生产成本＝85×7 000×(1＋13%)＝672 350(元)

管理费用＝15×7 000×(1＋13%)＝118 650(元)

借：生产成本	672 350	
管理费用	118 650	
贷：应付职工薪酬		791 000

2）实际发放非货币性福利时。

借：应付职工薪酬	791 000	
贷：主营业务收入		700 000

　　应交税费——应交增值税（销项税额）　91 000

借：主营业务成本　500 000

　贷：库存商品　500 000

（2）用外购产品电暖气发放非货币性福利。

1）商品购入时。

借：库存商品　50 000

　　应交税费——应交增值税（进项税额）　6 500

　贷：银行存款　56 500

2）决定发放非货币性福利时。

$$生产成本=85\times500\times(1+13\%)=48\,025(元)$$

$$管理费用=15\times500\times(1+13\%)-8\,475(元)$$

借：生产成本　48 025

　　管理费用　8 475

　贷：应付职工薪酬　56 500

3）实际发放非货币性福利时。

借：应付职工薪酬　56 500

　贷：库存商品　50 000

　　　应交税费——应交增值税（进项税额转出）　6 500

2. 两公司相关的会计分录如下：

（1）甲公司。

借：长期股权投资　2 486 000

　贷：主营业务收入　2 200 000

　　　应交税费——应交增值税（销项税额）　286 000

借：主营业务成本　2 000 000

　贷：库存商品　2 000 000

（2）乙公司。

借：原材料　2 200 000

　　应交税费——应交增值税（进项税额）　286 000

　贷：实收资本　2 486 000

3. 丙企业与上述长期借款相关的会计分录如下：

（1）2×17 年 1 月 1 日，取得借款。

借：银行存款　1 000 000

　贷：长期借款　1 000 000

（2）2×17 年年初，支付工程款。

借：在建工程　　600 000

　贷：银行存款　　600 000

（3）2×17 年年末，计提借款利息。

借款利息＝1 000 000×9%＝9 000(元)

资本化利息＝600 000×9%＝54 000(元)

借：在建工程　　54 000

　　财务费用　　36 000

　贷：应付利息　　90 000

借：应付利息　　90 000

　贷：银行存款　　90 000

（4）2×18 年年初，支付工程费用。

借：在建工程　　400 000

　贷：银行存款　　400 000

（5）2×18 年 8 月，竣工。

利息＝1 000 000×9%/12×8＝60 000(元)

借：在建工程　　60 000

　贷：应付利息　　60 000

借：固定资产　　1 114 000

　贷：在建工程　　1 114 000

（6）2×18 年 9—12 月，每月计提利息。

办理竣工后 2×18 年每月利息＝100×9%/12＝7 500(元)

借：财务费用　　7 500

　贷：应付利息　　7 500

年底支付利息：

借：应付利息　　90 000

　贷：银行存款　　90 000

（7）2×19 年年初，到期还本。

借：长期借款　　1 000 000

　贷：银行存款　　1 000 000

4.（1）甲公司该批债券的发行价格＝1 000 000×0.783 5(P/F,5%,5)＋1 000 000×6%×4.329 5(P/A,5%,5%)

＝783 500＋259 770＝1 043 270(元)

(2) 甲公司该批债券的利息费用计算如下:

利息费用一览表

单位:元

付息日期	支付利息	利息费用	利息调整摊销	应付债券摊余成本
2×17.12.31				10 432 700.00
2×18.12.31	600 000	521 635.00	78 365.00	10 354 335.00
2×19.12.31	600 000	517 716.75	82 283.25	10 272 051.75
2×20.12.31	600 000	513 602.59	86 397.41	10 185 654.34
2×21.12.31	600 000	509 282.72	90 717.28	10 094 937.06
2×22.12.31	600 000	505 062.94*	94 937.06	10 000 000.00

*含尾数调整。

相关账务处理如下:

1) 2×17年12月31日,发行债券。

借:银行存款 10 432 700

　贷:应付债券——面值 1 000 000

　　　　　　——利息调整 432 700

2) 2×18年12月31日,计算利息费用。

借:财务费用 521 635

　　应付债券——利息调整 78 365

　贷:应付利息 600 000

2×19年、2×20年、2×21年确认利息费用的会计处理同2×18年。

3) 2×22年12月31日,归还债券本金及最后一期利息费用。

借:财务费用 505 062.94

　　应付债券——面值 10 000 000.00

　　　　　——利息调整 94 937.06

　贷:银行存款 10 600 000.00

第 10 章 Chapter 10 所有者权益

学习目标

本章主要讲解公司所有者权益的构成，公司利润分配及其会计处理规则。所有者权益的具体项目通常包括实收资本（对于股份公司，改称股本）、资本公积（包括两部分：一是资本溢价或股本溢价；二是其他资本公积）、盈余公积和未分配利润四个项目。通过本章的学习，同学们应当能够准确理解每个所有者权益成分的作用，还应熟练掌握正确处理所有者权益之间的结转。

学习指导

一、学习重点

在本章中，同学们需要学习所有者权益的构成，确认每个所有者权益成分的作用，区别认知有限责任公司和股份有限公司的出资方式和后续处理，学习提取盈余公积和利润分配的会计处理。

二、学习难点

在本章中，对于初学者而言，学习难点主要在于相对于资产和负债，所有者权益理解起来比较抽象。它与具体的资产或负债没有直接对应关系，只是资产总额减负债总额后的余额。我们不能指着某项资产说它属于股本、资本公积、盈余公积或未分配利润，通常在总括的意义上使用这些概念。这对初学者理解这些概念造成了很大的困难。

同时，不同所有者权益类科目之间的相互转换，年末利润的结转与分配，对其他权益工具、其他综合收益、其他资本公积的基本理解，对于库存股的相关处理，尤其是“10 送 3”“10 送 2”这些名词的含义理解也同样是难点。

练习题

一、单项选择题

1. 留存收益指的是（　　）。

A. 资本公积和盈余公积

B. 资本公积和未分配利润

C. 盈余公积和未分配利润

D. 法定盈余公积和任意盈余公积

2. 下列各项中，将导致企业所有者权益总额发生增减变动的是（　　）。

A. 实际发放股票股利　　B. 提取法定盈余公积

C. 宣告分配现金股利　　D. 用盈余公积弥补亏损

3. 下列各项中，导致企业所有者权益总额发生增减变动的业务事项是（　　）。

A. 当年实现净利润　　B. 盈余公积转实收资本

C. 资本公积转实收资本　　D. 盈余公积补亏

4. 下列项目中，属于留存收益的是（　　）。

A. 已宣告而未发放的应付股利

B. 收到投资者投入的资本

C. 从净利润中提取的法定盈余公积

D. 资产评估增值

5. 下列各项中，不属于所有者权益特征的是（　　）。

A. 所有者权益是一种财产权利

B. 所有者权益是一种剩余权益

C. 所有者权益具有长期性

D. 所有者权益计量的直接性

6. 下列各项中，不属于所有者权益的是（　　）。

A. 资本溢价　　B. 计提的盈余公积

C. 投资者投入的资本　　D. 应付高管人员基本薪酬

7. 某公司年初未分配利润为 1 000 万元，盈余公积为 500 万元；本年实现净利润 5 000 万元，分别提取法定盈余公积 500 万元、任意盈余公积 250 万元，宣告发放现金股利 500 万元。不考虑其他因素，该公司年末留存收益为（　　）万元。

A. 5 250　　B. 6 000　　C. 6 500　　D. 5 750

8. 下列各项中，不在所有者权益变动表列示的是（　　）。

A. 利润分配　　B. 所有者投入和减少资本

C. 每股收益　　D. 综合收益总额

9. 下列各项中，导致企业所有者权益总额增加的事项是（　　）。

A. 当年实现净利润

B. 以盈余公积弥补以前年度亏损

C. 以盈余公积发放现金股利

D. 资本公积转增资本

10. 甲、乙公司均为增值税一般纳税人，适用的增值税税率为13%。甲公司接受乙公司投资转入原材料一批，账面价值100 000元，投资协议约定的价值为120 000元，假定投资协议约定的价值与公允价值相符，该项投资没有产生资本溢价。甲公司实收资本应增加（　　）元。

A. 100 000　　B. 113 000　　C. 120 000　　D. 135 600

11. 某上市公司发行普通股1 000万股，每股面值1元，每股发行价格5元，支付手续费20万元，支付咨询费60万元。该公司发行普通股计入股本的金额为（　　）万元。

A. 1 000　　B. 4 920　　C. 4 980　　D. 5 000

12. "实收资本"科目的贷方不能登记（　　）。

A. 投资者投入的资本　　B. 投资者收回的资本

C. 资本公积转增资本　　D. 盈余公积转增资本

13. 某企业权益总额80万元，如果发生下列经济业务：(1) 收到外单位投资8万元，存入银行；(2) 用银行存款偿还企业的应付债券2万元；(3) 收到到期兑现的商业汇票实得款项5万元，并存入银行，企业负债和所有者权益总额应该是（　　）万元。

A. 87　　B. 86　　C. 91　　D. 89

14. 某企业资产总额为100万元，负债为20万元，在将10万元负债转作投入资本后，资产总额为（　　）万元。

A. 100　　B. 130　　C. 80　　D. 90

15. 某企业负债总额为100万元，所有者权益为50万元，在接受80万元的投资后，资产总额为（　　）万元。

A. 130　　B. 230　　C. 180　　D. 150

16. 某股份有限公司首次公开发行普通股6 000万股，每股价值1元，每股发行价格3元，发生手续费、佣金等500万元，该项业务应计入资本公积的金额为（　　）万元。

A. 11 500　　B. 12 000　　C. 12 500　　D. 17 500

17. 甲股份有限公司委托乙证券公司发行普通股，股票面值总额4 000万元，发行总额16 000万元，发行费按发行总额的2%计算（不考虑其他因素），股票发行净收入全部收到。甲股份有限公司该笔业务记入“资本公积”科目的金额为（　　）万元。

A. 4 000　　B. 11 680　　C. 11 760　　D. 12 000

18. 某企业接受外商捐赠一项专利权，该专利权的实际成本为50 000元，该企业所得税税率为25%，应入账的资本公积是（　　）元。

A. 16 500　　B. 37 500　　C. 50 000　　D. 66 500

19. 甲公司为增值税一般纳税人，设立时收到乙公司作为投资的原材料一批，该原材料经投资各方确认的价值为450 000元，评估确认的价值为480 000元，增值税专用发票上注明的增值税税额为62 400元。甲公司注册资本总额为5 000 000元，乙公司投资占注册资本总额的比例为10%。甲公司确认乙公司投资时，正确的账务处理是（　　）。

A. 借：原材料　　480 000
　　应交税费——应交增值税（进项税额）　　76 800
　贷：实收资本　　556 800

B. 借：原材料　　450 000
　　应交税费——应交增值税（进项税额）　　62 400
　贷：实收资本　　500 000
　　资本公积　　12 400

C. 借：原材料　　480 000
　　应交税费——应交增值税（进项税额）　　76 800
　贷：实收资本　　500 000
　　资本公积　　56 800

D. 借：原材料　　450 000
　　应交税费——应交增值税（进项税额）　　76 800
　贷：实收资本　　526 800

20. 企业收到投资方以现金投入的资本，实际投入的金额超过其在注册资本中所占份额的部分，应记入（　　）账户核算。

A. “实收资本”　　B. “资本公积”
C. “盈余公积”　　D. “投资收益”

21. 上市公司以回购本公司股票方式减资，其支付的价款低于股票面值总额的差额应计入（　　）。

A. 其他综合收益　　B. 利润分配——未分配利润
C. 资本公积——股本溢价　　D. 盈余公积

22. 用盈余公积补亏时，正确的会计处理为借记“盈余公积”科目，贷记

（ ）科目。

A. “本年利润”

B. “利润分配——未分配利润”

C. “利润分配——其他转入”

D. “利润分配——提取盈余公积”

23. 某企业年初未分配利润借方余额为20万元，本年实现的净利润为200万元。按净利润的10%提取的盈余公积金额为（ ）万元。

A. 2　B. 18　C. 20　D. 22

24. 某企业年初未分配利润的借方余额为800 000元（未超过5年），当年实现利润1 500 000元（假定不存在其他纳税调整事项），适用的所得税税率为25%，按10%的比例提取法定盈余公积。则年末，该企业应提取的盈余公积为（ ）元。

A. 100 500　B. 52 500　C. 20 500　D. 15 000

25. 企业提取的法定盈余公积不得用于（ ）。

A. 弥补亏损　B. 转增资本

C. 发放现金股利或利润　D. 职工集体福利设施

26. 盈余公积转增资本时，以转增后留存的此项公积不得少于转增前注册资本的（ ）为限。

A. 15%　B. 20%　C. 25%　D. 50%

27. 下列各项中，不属于留存收益的是（ ）。

A. 资本溢价　B. 任意盈余公积

C. 未分配利润　D. 法定盈余公积

28. 某股份有限公司年初未分配利润75万元，当年实现净利润750万元，分别按10%和5%计提法定盈余公积和任意盈余公积，当年宣告发放现金股利60万元。不考虑其他因素，该公司年末未分配利润余额为（ ）万元。

A. 577.5　B. 641.25　C. 652.5　D. 712.5

29. “利润分配——未分配利润”科目的年末贷方余额表示（ ）。

A. 全年净利润　B. 年末未分配利润

C. 全年净亏损　D. 年末未弥补亏损

30. “利润分配——未分配利润”科目年末借方余额表示（ ）。

A. 本年实现的未分配利润

B. 本年实现的未弥补亏损

C. 截至本年年末累计未分配利润

D. 截至本年年末累计未弥补亏损

31. 某企业5月底“本年利润”账户的贷方余额为60 000元，“利润分配”

账户的借方余额为 10 000 元，则该企业截至 5 月底（　　）。

A. 未分配利润为 40 000 元　　B. 未弥补亏损为 40 000 元

C. 未分配利润为 60 000 元　　D. 未弥补亏损为 60 000 元

32. 某股份有限公司按法定程序报经批准后采用收购本公司股票方式减资，购回股票支付价款低于股票面值总额的，所注销库存股账面余额与冲减股本的差额应计入（　　）。

A. 盈余公积　　B. 营业外收入

C. 资本公积　　D. 未分配利润

二、多项选择题

1. 留存收益包括（　　）。

A. 资本公积　　B. 法定盈余公积

C. 任意盈余公积　　D. 未分配利润

2. 某公司由甲、乙投资者分别出资 100 万元设立。为扩大经营规模，该公司的注册资本由 200 万元增加到 250 万元，丙企业以现金出资 100 万元享有公司 20%的注册资本。不考虑其他因素，该公司接受丙企业出资相关科目的会计处理结果正确的有（　　）。

A. 贷记“实收资本”科目 100 万元

B. 借记“银行存款”科目 100 万元

C. 贷记“资本公积”科目 50 万元

D. 贷记“盈余公积”科目 100 万元

3. 下列各项中，引起企业留存收益总额增减变动的有（　　）。

A. 用盈余公积转增资本

B. 提取法定盈余公积

C. 向投资者宣告分配现金股利

D. 本年度实现净利润

4. 企业实现的净利润可进行下列分配（　　）。

A. 计算缴纳所得税　　B. 提取法定盈余公积

C. 提取任意盈余公积　　D. 向投资者分配股利

5. 某公司期初的所有者权益为：股本 5 000 万元（面值为 1 元），资本公积 1 000 万元（其中股本溢价 800 万元），盈余公积 500 万元，未分配利润 600 万元。本期经董事会批准以每股 7 元的价格回购本公司股票 200 万股并按期注销。下列各项中，该公司回购并注销股票的相关科目会计处理结果正确的有（　　）。

A. 注销时，借记“股本”科目 1 400 万元

B. 回购时，借记“库存股”科目 1 400 万元

C. 注销时，借记“盈余公积”科目 400 万元

D. 注销时，借记“资本公积——股本溢价”科目800万元

6. 所有者权益包括（　）。

A. 实收资本　　B. 资本公积

C. 盈余公积　　D. 已分配利润

7. 下列各项中，属于资本公积来源的有（　）。

A. 盈余公积转入

B. 直接计入所有者权益的利得

C. 资本溢价或股本溢价

D. 从企业实现的净利润中提取

8. 下列事项中，会导致公司资本公积增加的有（　）。

A. 将国家拨入的专门用于技术改造、技术研究的专门款项用于设备改造，工程完成时，进行相关资产项目的结转

B. 收到某企业的现金捐赠

C. 增资扩股，股票溢价发行

D. 经批准，将资本公积转增资本

9. 下列各项经济业务中，会使得企业资产总额和权益总额发生同时增加变化的有（　）。

A. 向银行借入半年期的借款，已转入本企业银行账户

B. 赊购设备一台，设备已经交付使用

C. 收到某投资者投资转入的一批材料，材料已验收入库

D. 用资本公积转增实收资本

10. 按照《中华人民共和国公司法》规定，公司提取的法定盈余公积和任意盈余公积可用于（　）。

A. 扩大公司生产经营　　B. 弥补公司亏损

C. 转增资本　　D. 作为股利向投资者分配

11. 下列各项中，不会引起所有者权益总额发生变化的有（　）。

A. 资本公积转增资本　　B. 盈余公积转增资本

C. 盈余公积弥补亏损　　D. 从净利润中提取盈余公积

12. 法定盈余公积的主要用途有（　）。

A. 弥补亏损　　B. 转增资本

C. 偿还债务　　D. 用于集体福利设施

13. 下列各项中，不会引起留存收益变动的有（　）。

A. 盈余公积补亏　　B. 计提法定盈余公积

C. 盈余公积转增资本　　D. 计提任意盈余公积

14. 下列各项中，属于反映所有者投资收益的账户有（　）。

A. 本年利润　　　　B. 盈余公积
C. 利润分配　　　　D. 资本公积

三、判断题

1. 所有者权益体现的是所有者在企业中的剩余权益，其确认和计量主要依赖于资产、负债等其他会计要素的确认和计量。（　）

2. 股份有限公司溢价发行股票时，按面值计入股本，溢价收入扣除发行手续费、佣金等发行费用后的金额计入资本公积。（　）

3. 除投资合同或协议约定价值不公允的以外，企业接受投资者作为资本投入的固定资产，应按投资合同或协议的约定价值确定其入账价值。（　）

4. 所有者权益变动表是反映企业当期所有者权益各构成部分增减变动情况的报表。（　）

5. 企业以非现金资产投入的，应以合同约定价值入账，不公允的除外。（　）

6. 企业收到投资者以外币投入的资本时，应按交易发生日的即期汇率折算，不得采用合同约定汇率和即期汇率的近似汇率折算。（　）

7. 企业收到投资者投入其在注册资本中所占份额部分计入当期损益。（　）

8. 资本公积属于资本的范畴，是准资本和资本的储备形式。（　）

9. 资本公积项目在满足一定的条件时可以重新分类确认为损益成为企业利润的一部分。（　）

10. 有限责任公司以资本公积转增资本，应当按照原出资者各自出资比例相应增加各出资者的出资金额。（　）

11. 企业收到的投资者超出其在企业注册资本中所占份额的投资，应直接计入当期损益。（　）

12. 在计算盈余公积的时候，计算的时候不应包括年初未分配利润的贷方余额。（　）

13. 用盈余公积转增资本不会引起所有者权益减少。（　）

14. 企业提取的盈余公积可用于发放现金股利。（　）

15. 企业年末结账后，“利润分配”账户的贷方余额表示本年实现的净利润。（　）

16. 年度终了，除“未分配利润”明细科目外，“利润分配”科目下的其他明细科目应当无余额。（　）

四、计算题

1. 某工厂创办时，取得国家以固定资产形式进行的投资 900 000 元，以流动资产方式进行的投资 720 000 元，其中原材料 452 000 元，其余均为银行存款。

另外取得长期借款160 000元，已存入银行。

要求：

（1）计算该厂资产总额、流动资产以及非流动资产。

（2）计算该厂负债总额和所有者权益总额。

2. 资料一：假定A，B，C三公司共同投资组成ABC有限责任公司（简称ABC公司）。按ABC公司的章程规定，注册资本为900万元，A，B，C三方各占1/3的股份。

假定A公司以厂房投资，该厂房原值500万元，已提折旧300万元，投资各方确认的价值为300万元（同公允价值）。

B公司以价值200万元的一套新设备和价值100万元的一项专利权投资，其价值已被投资各方确认，并已向ABC公司移交了专利证书等有关凭证。

C公司以货币资金300万元投资，已存入ABC公司的开户银行。

资料二：假定D公司有意投资ABC公司，经与A，B，C三公司协商，将ABC公司变更为ABCD公司，注册资本增加到1 200万元，A，B，C，D四方各占1/4股权。D公司需以货币资金出资400万元，以取得25%的股份。协议签订后，修改了原公司章程，D公司所出400万元已存入ABCD公司的开户银行，并办理了变更登记手续。

要求：

（1）根据资料一，分别就ABC公司实际收到A公司、B公司、C公司投资时编制有关会计分录。

（2）根据资料二，编制实际收到D公司投资时的会计分录。

（金额单位用万元表示。）

3. 假设Y有限责任公司20×4年全年实现的净利润为200万元（无纳税调整事项；年初无未分配利润）。现发生下列经济业务：

（1）年末将本年实现净利润转入“利润分配——未分配利润”账户。

（2）董事会决定提取法定盈余公积20万元，任意盈余公积10万元。

（3）董事会决定向投资者分配利润40万元，但尚未支付。

（4）将已分配的净利润转入“利润分配——未分配利润”账户。

要求：根据上述资料，编制相关会计分录（金额单位用万元表示）。

参考答案

一、单项选择题

1. C	2. C	3. A	4. C	5. D
6. D	7. B	8. C	9. A	10. D
11. A	12. B	13. B	14. A	15. B

16. A 17. B 18. B 19. B 20. B
21. C 22. C 23. B 24. B 25. D
26. C 27. A 28. C 29. B 30. D
31. B 32. C

二、多项选择题

1. BCD 2. BC 3. ACD 4. BCD 5. BCD
6. ABC 7. BC 8. AC 9. ABC 10. ABC
11. ABCD 12. AB 13. ABD 14. ABC

三、判断题

1. √ 2. √ 3. √ 4. √ 5. √
6. √ 7. × 8. √ 9. × 10. √
11. × 12. √ 13. √ 14. √ 15. ×
16. √

四、计算题

1. 各项目计算如下：

资产总额＝900 000＋720 000＋160 000＝1 780 000(元)

流动资产＝720 000＋160 000＝880 000(元)

非流动资产＝900 000(元)

负债总额＝160 000(元)

所有者权益总额＝900 000＋720 000＝1 620 000(元)

2. (1) 收到A公司投资时。

借：固定资产 300
　贷：实收资本——A 300

收到B公司投资时：

借：固定资产 200
　　无形资产 100
　贷：实收资本——B 300

或 借：固定资产 200
　贷：实收资本——B 200
借：无形资产 100
　贷：实收资本——B 100

收到C公司投资时：

借：银行存款 300
　贷：实收资本——C 300

（2）收到D公司投资时。

借：银行存款 400

贷：实收资本——D 300

资本公积——资本溢价 100

3.（1）借：本年利润 200

贷：利润分配——未分配利润 200

（2）借：利润分配——提取法定盈余公积 20

——提取任意盈余公积 10

贷：盈余公积——法定盈余公积 20

——任意盈余公积 10

（3）借：利润分配——向投资者分配股利 40

贷：应付股利 40

（4）借：利润分配——未分配利润 70

贷：利润分配——提取法定盈余公积 20

——提取任意盈余公积 10

——向投资者分配股利 40

教材习题解答

一、思考题

1. 会计学的学习过程能够把很多相关学科的知识联系起来，这样有助于建立起稳固而实用的知识体系和能力框架。请阅读《公司法》，思考：通读《公司法》对于学好公司财务会计有何意义？你打算怎样同步提升自己的专业知识和专业技能？

下位法应当服从上位法，《企业会计准则》应当服从《公司法》。《公司法》第八章规定了公司的财务、会计，里面各项条款的规定是在财务会计实务中必须遵守的，不能违反，否则将承担一定的法律责任，因此通读《公司法》有利于熟悉《公司法》中关于财务、会计方面的规定，学习财务会计更加有的放矢。要想同步提升自己的专业知识和专业技能必须跳出就会计论会计的圈子，建立一个大会计的概念，要熟悉财政、金融、税务、财务、审计、经济、管理等各个学科的知识，并且融会贯通，因为会计知识与其他相邻学科的知识是紧密相连的。

2. 当你能用浅显的语言阐释专业问题的时候，你就是真正的专家了。试向自己的好朋友解释一下，“股本（实收资本）”、“资本公积”、“盈余公积”和“利润分配”这四个会计科目哪些可能成为对应科目？哪些不可能成为对应科目？为什么？

“股本（实收资本）”可以与其他三项构成对应科目。“资本公积”仅能与

“股本（实收资本）”构成对应科目。“盈余公积”可以与“股本（实收资本）”“未分配利润”构成对应科目。“未分配利润”可以与“股本（实收资本）”“盈余公积”“未分配利润”构成对应科目。理由见《公司法》第八章。

3. 请解释何谓“资本公积——其他资本公积”。

（1）权益结算的股份支付在等待期内确认的成本费用。（2）权益法核算的长期股权投资，投资方享有的被投资单位除净利润、利润分配以及其他综合收益以外所有者权益的其他变动的份额。

二、练习题

（1）借：银行存款	200 000	
贷：股本		40 000
资本公积——股本溢价		160 000
（2）借：资本公积——股本溢价	4 000	
贷：股本		4 000
（3）借：库存股	300	
贷：银行存款		300
（4）借：股本	100	
资本公积——股本溢价	200	
贷：库存股		300

第 11 章

Chapter 11 收入、费用和利润

学习目标

本章主要讲解利润表中的会计要素和报表项目。利润表在实务工作中的重要性是显而易见的。利润表是评价企业管理层和职工工作业绩的重要标准，是企业所得税纳税申报时计算应纳税所得额需要的基础资料，还是公司利润分配程序中确定税后利润的数据来源。企业利润表中的数据也是国民经济统计公报的数据来源之一。因此，正确地对企业的收入、费用和利润进行会计处理，其意义不可小觑。通过本章的学习，同学们应当掌握收入、费用的会计核算规则和纳税申报表的填报方法，还应准确理解利润表和纳税申报表的关系，以及所得税法与会计规则之间的主要差异。

学习指导

一、学习重点

收入的确认和计量、利润的构成等是本章的学习重点，初学者需要掌握收入的核算规则，尤其是新收入准则发布后的规则变化；同时需要熟悉利润的产生过程，对于什么科目会影响最后利润有所了解，除此之外，还要认真学习利得和损失的概念。

二、学习难点

初学者对于收入确认的五步法以及特殊业务的收入处理的学习可能会稍有难度，牢记五步法的具体步骤：

1. 识别与客户订立的合同。

2. 识别合同中的单项履约义务。

3. 确定交易价格。

4. 将交易价格分摊至各单项履约义务。

5. 在履行各单项履约义务时确认收入。

同时，在计算应纳税所得额时，如何从会计维度调整到税法口径也需要投入精力，对利得和损失的理解也需要投入时间。

练习题

一、单项选择题

1. 下列各项中，不应列入利润表“营业收入”项目的是（　　）。

A. 销售商品收入　　B. 处置固定资产净收入

C. 提供劳务收入　　D. 让渡无形资产使用权收入

2. 下列各项中，应列入利润表“营业收入”项目的是（　　）。

A. 销售材料取得的收入

B. 接受捐赠收到的现金

C. 出售专利权取得的净收益

D. 出售自用房产取得的净收益

3. 2015 年 11 月 20 日，甲公司与乙公司签订一项为期 3 个月的劳务合同，合同总价款为 70 万元；当日收到乙公司预付合同款项 30 万元。该劳务符合按完工百分比法确认收入的条件。年末经测算，劳务的完工程度为 40%。甲公司 2015 年年末应确认的该劳务收入为（　）万元。

A. 12　　B. 28　　C. 30　　D. 70

4. 发出不符合收入确认条件的商品时，应借记（　　）科目。

A. “主营业务成本”　　B. “库存商品”

C. “发出商品”　　D. “在途物资”

5. 2015 年 9 月 10 日，某企业与客户签订销售合同并预收货款 55 000 元，9 月 20 日，商品发出，增值税专用发票上注明价款为 50 000 元，增值税税额为 6 500 元，当月发出商品的同时收到货款，该企业应确认的商品销售收入金额为（　）元。

A. 50 000　　B. 53 500　　C. 56 500　　D. 55 000

6. 某公司出售专用设备一台，取得价款 30 万元（不考虑增值税），发生清理费用 5 万元（不考虑增值税），该设备的账面价值为 22 万元。不考虑其他因素，下列各项中，关于此项交易净损益会计处理结果表述正确的是（　）。

A. 资产处置损益增加 3 万元　　B. 资产处置损益增加 25 万元

C. 资产处置损益增加 8 万元　　D. 资产处置损益增加 27 万元

7. 甲公司系增值税一般纳税人，2016年12月31日，甲公司出售一台原价为452万元，已提折旧364万元的生产设备，取得的增值税专用发票上注明的价款为150万元，增值税税额为19.5万元。出售该生产设备发生不含增值税的清理费用8万元。不考虑其他因素，甲公司出售该生产设备的利得为（　　）万元。

A. 54　　B. 87.5　　C. 62　　D. 79.5

8. 其企业向客户收取了一笔服务费后承诺在后续两年内为其提供相应的技术咨询服务。不考虑其他因素，下列各项中，该企业收取服务费时应记入的会计科目是（　　）。

A. "主营业务收入"　　B. "预收账款"

C. "其他业务收入"　　D. "其他应收款"

9. 20×7年2月1日，甲公司与乙公司签订一项总额为20 000万元的固定造价合同，在乙公司自有土地上为其建造一栋办公楼。截至20×7年12月20日，甲公司累计已发生成本6 500万元，20×7年12月25日，经协商合同双方同意变更合同范围，附加装修办公楼的服务内容，合同价格相应增加3 400万元，假定上述新增合同价款不能反映装修服务的单独售价。不考虑其他因素，下列各项关于上述合同变更会计处理的表述中，正确的是（　　）。

A. 合同变更部分作为单独合同进行会计处理

B. 合同变更部分作为原合同组成部分进行会计处理

C. 合同变更部分作为单项履约义务于完成装修时确认收入

D. 原合同未履约部分与合同变更部分作为新合同进行会计处理

10. 企业对于已经发出但不符合收入确认条件的商品，其成本应贷记的科目是（　　）。

A. "在途物资"　　B. "发出商品"

C. "库存商品"　　D. "主营业务成本"

11. 甲公司从2×10年开始，受政府委托进口医药类特种丙原料，再将丙原料销售给国内生产企业，加工出丁产品并由政府定价后销售给最终用户，由于国际市场上丙原料的价格上涨，而国内丁产品的价格保持不变，形成进销价格倒挂的局面。2×14年之前，甲公司销售给生产企业的丙原料以进口价格为基础定价，国家财政弥补生产企业产生的进销差价；2×14年以后，国家为规范管理，改为限定甲公司对生产企业的销售价格，然后由国家财政弥补甲公司的进销差价。不考虑其他因素，从上述交易的实质判断，下列关于甲公司从政府获得进销差价弥补的会计处理中，正确的是（　　）。

A. 确认为与销售丙原料相关的营业收入

B. 确认为与收益相关的政府补助，直接计入当期营业外收入

C. 确认为所有者的资本性投入计入所有者权益

D. 确认为与资产相关的政府补助，并按照销量比例在各期分摊计入营业外收入

12. 20×4 年 3 月 1 日，甲公司向乙公司销售商品 5 000 件，每件售价 20 元（不含增值税）。甲、乙公司均为增值税一般纳税人，适用的增值税税率为 13%，甲公司向乙公司销售商品给予 10%的商业折扣。提供的现金折扣条件为“2/10，1/20，n/30”，并代垫一部分运费，乙公司于 20×4 年 3 月 15 日付款，甲公司在该项交易中应确认的收入是（　　）元。

A. 90 000　　B. 101 000　　C. 99 000　　D. 10 000

13. 甲公司为增值税一般纳税人，适用的增值税税率为 13%。20×4 年 11 月 20 日，甲公司向乙公司销售一批商品，增值税专用发票注明的销售价款为 200 万元，增值税税额为 26 万元，当日，商品运抵乙公司，乙公司在验收过程中发现有瑕疵，经与甲公司协商，甲公司同意给予 3%的折让。为及早收回货款，甲公司和乙公司约定的现金折扣条件为“2/10，1/20，n/30”。乙公司于 20×4 年12 月 8 日支付了扣除销售折让和现金折扣的货款，不考虑其他因素，甲公司应当确认的商品销售收入是（　　）万元。

A. 190.12　　B. 200　　C. 190.06　　D. 194

14. 下列不影响主营业务收入入账金额的是（　　）。

A. 企业收到的利息收入

B. 企业收到的计入其他收益的政府补贴

C. 一般纳税人的增值税

D. 企业记录的公允价值变动收益

15. 销售材料一批，开具的增值税专用发票上标明价款 20 000 元，增值税 2 600 元，款项收妥存入银行。销售材料取得的收入应记入（　　）科目。

A. “主营业务收入”　　B. “其他业务收入”

C. “营业外收入”　　D. “投资收益”

16. 下列与销售商品相关的事项中，一定发生在确认收入之前的事项是（　　）。

A. 商业折扣　　B. 销售退回

C. 销售折让　　D. 现金折扣

17. 企业销售商品确认收入后，对于客户实际享受的现金折扣，在可变对价不是“极可能”转回时，应当根据可变对价的最佳估计数（　　）。

A. 确认为当期财务费用

B. 冲减当期的主营业务收入

C. 确认为当期管理费用

D. 确认当期的主营业务成本

18. 某企业销售商品一批，增值税专用发票上标明的价款为60万元，适用的增值税税率为13%，为购买方代垫的运杂费为2万元，款项尚未收回。该企业确认的应收账款为（　）万元。

A. 60　　B. 62　　C. 70.2　　D. 69.8

19. 某企业8月份共收到银行存款60 000元。其中，销售商品货款20 000元，增值税2 600元；接受捐赠10 000元；经营性出租固定资产租金2 000元。则该月收入为（　）元

A. 60 000　　B. 22 000　　C. 20 000　　D. 47 000

20. 某工业企业本月收到上期产品赊销款20 000元；本期销售产品40 000元，收到货款30 000元，余款尚未收到；本期对外出售不需用的原材料收到款项10 000元。按权责发生制原则，该企业本月实现的主营业务收入为（　）元。

A. 30 000　　B. 40 000　　C. 50 000　　D. 60 000

21. 某公司本月收到上期商品赊销款80 000元；本月销售商品货款总计160 000元，实际收到120 000元，余款暂未收到；本月预收下期销售商品的货款60 000元。该公司采用权责发生制原则，其本月实现的商品销售收入为（　）元。

A. 300 000　　B. 60 000　　C. 160 000　　D. 120 000

22. 下列有关收入的说法中，正确的是（　）。

A. 收入在扣除相关成本费用后，必然会导致企业所有者权益增加

B. 企业销售商品采用预收货款形式的，应于收到货款时确认收入

C. 收入与所有者投入资本无关

D. 企业销售商品采用以旧换新方式的，销售商品的收入应按销售商品价格扣除回收商品的价格确定

23. 收入是指企业在销售商品、提供劳务及让渡资产使用权等日常活动中所形成的（　）。

A. 经济利益的总流入　　B. 投资人享有的经济利益

C. 全部收入　　D. 经营成果

24. 收入包括主营业务收入和（　）。

A. 其他业务收入　　B. 投资收益

C. 营业外收入　　D. 补贴收入

25. 下列不作为企业商品销售处理的是（　）。

A. 销售原材料　　B. 销售包装物

C. 以商品进行投资　　D. 正常情况以下商品抵偿债务

26. 甲社会团体的个人会员每年应缴纳会费200元，缴纳期间为每年1月1日至12月31日，当年未按时缴纳会费的会员下年度自动失去会员资格。该社会团体共有会员1 000人。至2×09年12月31日，800人缴纳当年会费，150人缴纳了2×09年度至2×11年度的会费，50人尚未缴纳当年会费，该社会团体2×09年度应确认的会费收入为（ ）元。

A. 190 000 B. 200 000 C. 250 000 D. 260 000

27. 下列各项中，应计入营业外收入的是（ ）。

A. 非货币性资产交换利得

B. 处置长期股权投资产生的收益

C. 出租无形资产取得的收入

D. 处置投资性房地产取得的收入

28. 企业采用支付手续费方式委托代销商品，委托方确认商品销售收入的时间是（ ）。

A. 签订代销协议时 B. 发出商品时

C. 收到代销清单时 D. 收到代销款时

29. 某企业售出商品发生销售退回，该商品销售尚未确认收入且增值税纳税义务尚未发生。该企业收到退回的商品应贷记的会计科目是（ ）。

A. “应收账款” B. “其他业务成本”

C. “发出商品” D. “主营业务成本”

30. 企业出售3个月前购入的乙公司股票，收到价款50 000元，其账面价值为48 000元，差额2 000元，应（ ）。

A. 借记“投资收益”科目 B. 贷记“投资收益”科目

C. 借记“短期投资”科目 D. 贷记“短期投资”科目

31. 下列各项中，应当确认为投资损益的是（ ）。

A. 长期股权投资减值损失

B. 长期股权投资处置净损益

C. 期末交易性金融资产公允价值变动的金额

D. 支付与取得长期股权投资直接相关的费用

32. 下列各项中，不应列入利润表“营业成本”项目的是（ ）。

A. 已销商品的实际成本 B. 在建工程领用产品的成本

C. 对外提供劳务结转的成本 D. 投资性房地产计提的折旧额

33. 某企业是增值税一般纳税人，购买材料800千克，入库时发现短缺了220千克，其中20千克为合理损耗，该材料单位售价（不含税）为10元。该企业购入材料的入账价值为（ ）元。

A. 6 000 B. 8 000 C. 5 800 D. 8 800

34. 企业为销售商品、提供劳务等日常活动所发生的经济利益的流出，称为（　）。

A. 费用　　B. 生产费用

C. 经营管理费用　　D. 成本

35. 下列各项中，会导致“营业成本”本期金额增加的有（　）。

A. 结转销售原材料的成本

B. 处置固定资产的净损失

C. 行政管理部门计提的固定资产折旧费

D. 库存商品盘亏净损失

36. 结算分配企业基础生产车间管理人员本月应付工资，此项业务应借记的账户是（　）。

A.“财务费用”　　B.“应付工资”

C.“制造费用”　　D.“管理费用”

37. 工业企业不能计入产品成本和经营管理费用的工资费用是（　）。

A. 基本生产车间生产工人工资　　B. 企业管理部门人员工资

C. 专设销售机构人员工资　　D. 生活福利部门人员工资

38. 某企业收到用于补偿已发生费用的政府补助，应在取得时计入（　）。

A. 递延收益　　B. 营业外收入

C. 资本公积　　D. 其他业务收入

39. 企业转销确实无法支付的应付账款，应按其账面余额转入的会计科目是（　）。

A.“管理费用”　　B.“财务费用”

C.“其他业务收入”　　D.“营业外收入”

40. 下列交易或事项中，不应确认为营业外支出的是（　）。

A. 公益性捐赠支出　　B. 无形资产出售损失

C. 固定资产盘亏损失　　D. 固定资产减值损失

41. 企业向“希望工程”捐款，应借记（　）科目。

A.“营业外支出”　　B.“其他业务支出”

C.“管理费用”　　D.“资本公积”

二、多项选择题

1. 下列关于现金折扣会计处理的表述中，正确的有（　）。

A. 销售企业在确认销售收入时根据可变对价的最佳估计数将现金折扣抵减收入

B. 销售企业在取得价款时将实际发生的现金折扣计入财务费用

C. 购买企业在购入商品时将现金折扣直接抵减应确认的应付账款

D. 购买企业在偿付应付账款时将实际发生的现金折扣冲减财务费用

2. 下列各项中，属于让渡资产使用权收入的有（ ）。

A. 债券投资取得的利息　　B. 出租固定资产取得的租金

C. 股权投资取得的现金股利　　D. 转让商标使用权取得的收入

3. 提供劳务交易的完工进度，可以选择的确定方法有（ ）。

A. 技术人员测量的完工进度

B. 已经提供的劳务收入占总收入的比例

C. 已经发生的成本占总成本的比例

D. 已经提供的劳务占应提供劳务总量的比例

4. 下列各项中，表明已售购货方未获得所购商品控制权的有（ ）。

A. 销售商品的同时，约定日后租回

B. 销售商品的同时，约定日后将以高于原售价的固定价格回购

C. 已售商品附有无条件退货条款，但不能合理估计退货的可能性

D. 向购货方发出商品后，发现商品质量与合同不符，很可能遭受退货

5. 下列关于商品销售收入确认的表述中，正确的有（ ）。

A. 采用预收款方式销售商品，在收取款项时确认收入

B. 以支付手续费方式委托代销商品，委托方应在向受托方移交商品时确认收入

C. 附有销售退回条件但不能合理确定退货可能性的商品销售，应在售出商品退货期届满时确认收入

D. 采用以旧换新方式销售商品，售出的商品应当按照销售商品收入确认条件确认收入，收回商品作为购进商品处理

6. 现金折扣条件“2/10，1/20，n/30”的含义分别为（ ）。

A. 10天内付款给予2%的折扣

B. 第11天～20天内付款给予1%的折扣

C. 第21天～30天内付款不给予折扣

D. 付款期限为30天

7. 下列有关现金折扣叙述错误的有（ ）。

A. 现金折扣是企业为了促销，在商品标价上给予的扣除

B. 现金折扣符号“2/10”表示卖方给买方商品标价20%的扣除

C. 现金折扣符号“1/20”表示买方在第11～20天内付款，可按售价1%享受折扣

D. 现金折扣符号“n/30”表示付款期限超过30天后，折扣率应由买卖双方协商确定

8. 不考虑其他因素，下列各项有关收入确认时点的表述中，正确的有

（ ）。

A. 电影的收费，在电影放映完毕时确认收入

B. 提供建筑设计服务的收费，在资产负债表日根据设计的完工进度确认收入

C. 提供培训服务的收费，在培训服务提供的相应期间确认收入

D. 包括在商品销售价格内可区分的服务费，在提供服务的期间内分期确认收入

9. 下列各项中，不应作为合同履约成本确认为合同资产的有（ ）。

A. 为取得合同发生但预期能够收回的增量成本

B. 为组织和管理企业生产经营发生的但非由客户承担的管理费用

C. 无法在尚未履行的与已履行（或已部分履行）的履约义务之间区分的支出

D. 为履行合同发生的非正常消耗的直接材料、直接人工和制造费用

10. 下列各项中，属于工业企业营业收入的有（ ）。

A. 债权投资的利息收入　　B. 出租无形资产的租金收入

C. 销售产品取得的收入　　D. 出售无形资产的净收益

11. 甲企业委托乙企业加工一批物资、支出原材料的实际成本为100万元，支付运杂费3万元，加工费2万元（均不考虑增值税）。乙企业代收代缴消费税8万元，该物资收回后用于连续加工应税消费品。不考虑其他税费，下列各项中，关于甲企业委托加工物资会计处理结果表述正确的有（ ）。

A. 支付的运杂费3万元应计入委托加工物资成本

B. 乙企业代收代缴的消费税8万元应计入委托加工物资成本

C. 乙企业代收代缴的消费税8万元应借记“应交税费——应交消费税”科目

D. 委托加工物资成本总额为105万元

12. 下列各项中，工业企业应计入其他业务成本的有（ ）。

A. 销售材料的成本

B. 出售单独计价包装物的成本

C. 出租包装物的成本

D. 经营租赁出租设备计提的折旧

13. 下列各项中，属于制造企业产品成本的有（ ）。

A. 制造费用　　B. 燃料及动力

C. 直接人工　　D. 直接材料

14. 增值税一般纳税企业委托加工的应税消费品收回后直接销售，下列各项中，应该计入应税消费品成本的有（ ）。

A. 支付加工费应缴纳的增值税

B. 加工方代收代缴的消费税

C. 支付的加工费

D. 发出的委托加工原材料成本

15. 下列各项中，有关包装物的会计处理表述正确的有（　　）。

A. 随商品出售不单独计价的包装物成本，计入销售费用

B. 生产领用的包装物成本，计入生产成本

C. 随商品出售单独计价的包装物成本，计入其他业务成本

D. 多次反复使用的包装物成本，根据使用次数分次摊销计入相应成本费用

16. 下列交易事项中，会影响企业当期营业利润的有（　　）。

A. 无形资产租金收入　　B. 无形资产计提的减值

C. 无形资产处置收益　　D. 管理用无形资产的摊销

17. 下列各项中，影响年末未分配利润余额的有（　　）。

A. 净利润　　B. 盈余公积补亏

C. 提取盈余公积　　D. 年初未分配利润

18. 下列账户中，期末结转后应无余额的账户有（　　）。

A. “主营业务收入”　　B. “主营业务成本”

C. “实收资本”　　D. “长期待摊费用”

19. 下列科目中，期末余额应转入“本年利润”科目的有（　　）。

A. “所得税”　　B. “营业外支出”

C. “投资收益”　　D. “制造费用”

20. 下列科目中，年度终了需要转入“利润分配——未分配利润”科目的有（　　）。

A. “本年利润”

B. “利润分配——应付现金股利”

C. “利润分配——盈余公积补亏”

D. “利润分配——提取法定盈余公积”

三、判断题

1. 企业采用支付手续费方式委托代销商品，委托方应在发出商品时确认销售商品收入。（　　）

2. 企业销售商品涉及商业折扣的，应以扣除商业折扣前的金额确定商品销售收入金额。（　　）

3. 企业采用以旧换新销售方式时，应将所售商品按照销售商品收入确认条件确认收入，回收的商品作为购进商品处理。（　　）

4. 企业已完成销售手续但购买方在月末尚未提取的商品，应作为企业的库

存商品核算。（　　）

5. 企业销售商品已确认收入但货款尚未收到，在资产负债表日得知客户资金周转困难而无法收回货款，该企业应冲减已确认的商品销售收入。（　　）

6. 根据收入准则的规定，企业的收入包括销售商品的收入、提供劳务的收入、他人使用本企业资产的收入和营业外收入。（　　）

7. 收入的形成可以变现为资产的增加或债务的清偿，最终导致所有者权益的增加。（　　）

8. 企业发出商品但尚未确认收入，发出商品时，应借记“发出商品”科目，贷记“库存商品”科目。（　　）

9. 按现行制度规定，企业发生的销售折让应作为财务费用。（　　）

10. 企业让渡资产使用权，如果合同或协议规定一次性收取使用费，且不提供后续服务的，应当视同销售该资产一次性确认收入。（　　）

11. 无论企业是采用视同买断方式还是采用收取手续费方式委托其他企业代销商品，委托方均只能在收到受托方代销清单时才能确认销售收入。（　　）

12. 企业购入不需要安装的生产设备，购买价款超过正常信用条件延期支付，实质上具有融资性质的，应当以购买价款的现值为基础确定其成本。（　　）

13. “主营业务成本”账户属于成本类账户。（　　）

14. 费用是企业在全部经济活动中所发生的经济利益的流出。（　　）

15. 企业的净利润不一定等于现金流量净额。（　　）

16. 未弥补亏损可以用以后年度实现的税前利润弥补，弥补期限不超过5年。（　　）

17. 企业无法可靠区分研究阶段和开发阶段支出的，所发生的研发支出全部费用化，计入当期损益。（　　）

四、计算题

1. 甲公司为一家投资控股型公司，拥有各项业务的子公司。

（1）甲公司的子公司——乙公司是一家建筑承包商，从事办公室设计和建造业务。20×7年2月1日，乙公司与戊公司签订办公室建造合同，按照约定在戊公司的土地上建造一栋办公楼。根据合同约定，建造办公楼的总价款为8 000万元，款项分3次收取，即合同签订日、完工进度到50%、竣工日分别收取合同造价的20%，30%，50%。该工程于20×7年2月开工，预计20×9年年底完工。乙公司预计建造总成本为6 500万元。截至20×7年12月31日，累计实际发生的成本为3 900万元，乙公司根据累计实际发生的成本占预计总成本的比例确定履约进度。

（2）甲公司的子公司——丙公司为一家生产通信设备的公司。20×7年1月1日，与丁公司签订专利技术合同，约定丁公司可在5年内使用该专利技术生产A

产品。丙公司按照两部分金额收取专利技术使用费：一是固定金额 200 万元，每年年底收取；二是丁公司销售 A 产品收入的 2%的提成收取，于第二年年初收取。根据以往的经验与做法，丙公司预计不会对该专利技术实施重大影响活动。20×7 年 12 月 31 日，丙公司收到丁公司支付的固定金额 200 万元。20×7 年度，丁公司销售 A 产品收入 80 000 万元。丁、丙公司之间签订的合同不存在重大融资成分。

其他相关资料：

第一，合同均符合企业会计准则规定，且已经各方管理层批准。

第二，丙公司和乙公司估计，各方由于转让商品和提供服务存在的对价很可能收回。

第三，不考虑货币时间价值，不考虑税费及其他因素。

要求：

(1) 根据资料 (1)，判断乙公司建造办公楼属于在某一时段内履行的履约义务还是某一时点履行的履约义务，并说明理由。

(2) 根据资料 (1)，计算 20×7 年乙公司的履约进度，以及确认的收入和成本。

(3) 根据资料 (2)，判断丙公司授权丁公司专利技术使用权属于在某一时段内履行的履约义务还是某一时点履行的履约义务，并说明理由；判断丙公司按丁公司销售 A 产品收入的 2%收取的提成何时确认收入。

(4) 根据材料 (2)，编制 20×7 年丙公司与收入确认相关的会计分录（金额单位用万元表示）。

2. 甲上市公司（简称甲公司）为增值税一般纳税人，适用的增值税税率为 13%；除特别说明外，不考虑除增值税以外的其他相关税费；所售资产未发生减值；销售商品为正常的生产经营活动，销售价格为不含增值税的公允价格；商品销售成本在确认销售收入时逐笔结转。

20×7 年 12 月甲公司发生下述经济业务：

12 月 5 日，收到 B 公司退回的 A 商品一批以及税务机关开具的进货退回相关证明，销售价格为 100 万元，销售成本为 70 万元；该批商品已于 11 月份确认收入，但款项尚未收到，且未计提坏账准备。

要求：根据上述资料编制甲公司相关业务的会计分录（“应交税费”科目要求写出明细科目及专栏名称；答案中的金额单位用万元表示）。

3. 某企业为增值税一般纳税人，20×1 年 12 月份发生如下经济业务：

(1) 仓库报来发料汇总表，其中，生产产品领用 260 000 元，车间维修领用 26 000 元，厂部领用 14 000 元，共计 300 000 元。

(2) 根据期初固定资产账面价值计提折旧 10 000 元，其中，生产部门 8 000 元，厂部行政部门 2 000 元。

要求：根据上述经济业务编制相关会计分录。

参考答案

一、单项选择题

1. B	2. A	3. B	4. C	5. A
6. A	7. A	8. B	9. B	10. C
11. A	12. A	13. D	14. C	15. B
16. A	17. B	18. D	19. B	20. B
21. C	22. C	23. A	24. A	25. C
26. A	27. A	28. C	29. C	30. B
31. B	32. B	33. A	34. A	35. A
36. C	37. D	38. B	39. D	40. D
41. A				

二、多项选择题

1. AD	2. ABCD	3. ACD	4. ABCD	5. CD
6. ABCD	7. ABD	8. ABCD	9. ABCD	10. BC
11. ACD	12. ABCD	13. ABCD	14. BCD	15. ABCD
16. ABD	17. ABCD	18. AB	19. ABC	20. ABCD

三、判断题

1. ×	2. ×	3. √	4. ×	5. ×
6. ×	7. √	8. √	9. ×	10. √
11. ×	12. √	13. ×	14. ×	15. √
16. √	17. √			

四、计算题

1. (1) 属于在某一时段内履行的履约义务。理由：客户能够控制企业履约过程中在建的商品，即戊公司根据该建造工程的完工进度支付工程款。

(2) 20×7 年的履约进度＝3 900/6 500×100%＝60%

20×7 年应确认的收入＝8 000×60%＝4 800(万元)

20×7 年应确认的成本＝6 500×60%＝3 900(万元)

(3) 属于在某一时点履行的履约义务。理由：丙公司预计不会对该专利技术实施重大影响活动。

丙公司按丁公司销售 A 产品收入的 20%收取的提成应于销售发生时确认。

(4) 20×7 年 1 月 1 日，按照固定金额确认收入。

借：应收账款　　200

　贷：主营业务收入　　200

20×7 年 12 月 31 日，收取固定金额：

借：银行存款 200

  贷：应收账款 200

  向乙公司收取的收入提成＝80 000×2%＝1 600（万元）

借：应收账款 1 600

  贷：主营业务收入 1 600

2. 甲公司相关业务的会计分录如下：

借：主营业务收入 100

  应交税费——应交增值税（销项税额） 13

  贷：应收账款 113

借：库存商品 70

  贷：主营业务成本 70

3. 相关会计分录如下：

（1）借：生产成本 260 000

  制造费用 26 000

  管理费用 14 000

  贷：原材料 300 000

（2）借：制造费用 8 000

  管理费用 2 000

  贷：累计折旧 10 000

教材习题解答

一、思考题

1. 结合利润表中的报表项目，哪些报表项目体现了公允价值理念的影响？

资产减值损失、公允价值变动收益等项目体现了公允价值理念的影响。

2. 企业利润表中是如何分步填列净利润数据的？企业管理层若要增大净利润数字，通常可以从哪些方面入手？请绘制利润表予以简要说明。

在多步式利润表上，净利润是分若干个步骤计算出来的，一般可以分为以下几步：

第一步，计算营业利润。营业利润＝营业收入－营业成本－税金及附加－销售费用－管理费用－财务费用－研发费用－信用减值损失－资产减值损失＋公允价值变动损益＋投资损益＋其他收益＋净敞口套期收益

第二步，计算利润总额。利润总额＝营业利润＋营业外收入－营业外支出

第三步，计算净利润。净利润＝利润总额－所得税费用

企业管理当局若要增大净利润数字可以从以下几个方面入手：努力提供优质产品和服务，从而增加营业收入；审慎选择投资项目；加强管理，减少费用，控制营业外支出；转回资产减值准备；增加营业外收入。

3. 利润表与纳税申报表具有哪些联系和区别？

联系：利润表数据是纳税申报表的基础，纳税申报表上的很多数字就是取自利润表、按照税法的规定对其进行调整而成的。

区别：(1) 用途不同。利润表作为企业财务报表的重要组成部分，是反映企业经济成果的报表，而纳税申报表则是企业用来申报缴纳企业所得税所用。(2) 结构不同。纳税申报表是在利润表的基础上，按照税法的规定对其进行了调整。(3) 编制依据不同。利润表是按照《企业会计准则》和《企业会计制度》编制而成，而纳税申报表是根据《中华人民共和国企业所得税法》编制而成。

二、练习题

(1) 借：银行存款	678	
贷：主营业务收入		600
应交税费——应交增值税（销项税额）		78
借：主营业务成本	535	
存货跌价准备	5	
贷：库存商品		540
(2) 借：主营业务收入	200	
应交税费——应交增值税（销项税额）	26	
贷：银行存款		226
借：库存商品	120	
贷：主营业务成本		120
(3) 借：劳务成本	50	
贷：应付职工薪酬		50

完工程度＝50/(50＋150)×100％＝25％

借：应收账款	100	
贷：主营业务收入（400×25％）		100
借：主营业务成本	50	
贷：劳务成本		50
(4) 借：生产成本	90.40	
贷：应付职工薪酬		90.40
借：应付职工薪酬	90.40	
贷：主营业务收入		80.00
应交税费——应交增值税（销项税额）		10.40
借：主营业务成本	50	
贷：库存商品		50

第 12 章

Chapter 12 财务会计报告

学习目标

本章主要讲解财务报表的构成以及编制方法。本章关于资产负债表、利润表和所有者权益变动表的编制实际上是对第 2～11 章内容的总结，因此，在学习时一定要有整体思路。现金流量表是反映企业在一定会计期间现金和现金等价物的流入和流出情况的报表。现金流量要分别经营活动、投资活动和筹资活动予以列报；经营活动产生的现金流量要采用直接法列报。需要理解现金流量表中经营活动产生的现金流量与净利润之间的联系与区别。可以说，不清楚这个问题，就没有真正掌握财务会计。通过本章的学习，还需要充分认识附注的重要性。附注是财务报表不可或缺的组成部分，报表使用者了解企业的财务状况、经营成果和现金流量，应当全面阅读附注。

学习指导

一、学习重点

本章应重点掌握财务报表的编制原理，理解财务报表的意义，熟练掌握资产负债表、利润表和现金流量表的编制方法和主要内容，并对报表结构熟记于心。同时应认识报表附注的重要性，熟悉附注披露的主要内容。

二、学习难点

本章的学习难点是深刻认识四大报表之间的联系和现金流量表的编制原理。由于其与基础知识的联系较为紧密，内容较多，信息量很大，对理解能力的要求较高，而项目计算方面偏重于烦琐数据的整理，总体来说有一定难度。资产负债表和利润表的某些项目对于初学者而言不是很容易理解，比如，资产负债表中的衍生金融资产、持有待售资产、递延所得税资产，利润表中的公允价值变动收益等。除此之外，现金流量表中的项目名称记忆起来也稍有难度。

练习题

一、单项选择题

1. 下列有关财务会计报告的表述中，不正确的是（　　）。

A. 财务会计报告是指企业根据经过审核的会计账簿记录和有关资料编制并对外提供的反映单位某一特定日期财务状况和某一会计期间经营成果、现金流量的文件

B. 企业财务会计报告分为年度、半年度、季度和月度财务会计报告

C. 报表附注是财务会计报告的重要组成部分

D. 财务会计报告就是指会计报表

2. 企业财务会计报告所提供的信息资料应具有时效性，这是指编制财务会计报告应符合（　　）的要求。

A. 真实可靠　B. 相关可比　C. 全面完整　D. 编报及时

3. 会计报表编制的依据是（　　）。

A. 会计账簿资料　B. 会计凭证　C. 记账凭证　D. 原始凭证

4. 下列不属于上市公司披露信息的内容是（　　）。

A. 上市公告书　B. 招股说明书

C. 年度报告　D. 公司管理办法

5. 下列不属于财务会计报告的组成内容的是（　　）。

A. 资产负债表　B. 利润表

C. 报表附注　D. 财务计划说明书

6. 在编制资产负债表时不能根据有关账户的期末余额直接填列的项目是（　　）。

A. 应收票据　B. 短期借款　C. 预计负债　D. 存货

7. 资产负债表反映资产、负债和所有者权益各项目的（　　）。

A. 年初数、期末数　B. 上年数、本年数

C. 年初数、本年数　D. 上年数、本年计划数

8. 下列不属于资产负债表项目的是（　　）。

A. 货币资金　B. 利润分配　C. 预收款项　D. 应付账款

9. 资产负债表的下列资产项目，自上而下的正确排列顺序是（　　）。

A. 货币资金、应收账款、固定资产、无形资产、长期股权投资

B. 固定资产、货币资金、长期股权投资、应收账款、无形资产

C. 货币资金、应收账款、固定资产、无形资产、长期股权投资

D. 货币资金、应收账款、长期股权投资、固定资产、无形资产

10. 资产负债表中负债项目的顺序是按（ ）排列。

A. 项目的重要性程度　　B. 项目的金额大小

C. 项目的支付性大小　　D. 清偿债务的先后

11. 在资产负债表中下列排列顺序正确的是（ ）。

A. 货币资金、应收账款、交易性金融资产、存货

B. 货币资金、交易性金融资产、应收账款、存货

C. 货币资金、应收账款、存货、交易性金融资产

D. 交易性金融资产、货币资金、应收账款、存货

12. 下列各科目的期末余额，不应在资产负债表“存货”项目列示的是（ ）。

A. “库存商品”　　B. “生产成本”

C. “工程物资”　　D. “委托加工物资”

13. 下列报表中，能够反映企业某一特定日期财务状况的是（ ）。

A. 利润表　　B. 现金流量表　　C. 资产负债表　　D. 利润分配表

14. 资产负债表中的项目（ ）。

A. 都可以按账户余额直接填列

B. 必须对账户发生额进行分析计算后才能填列

C. 某些项目可直接根据账户发生额填列，某些项目需根据账户发生额分析计算后填列

D. 某些项目可直接根据账户余额填列，某些项目需根据账户余额分析计算后填列

15. 下列不属于利润表项目的是（ ）。

A. 管理费用　　B. 其他业务收入

C. 营业外收入　　D. 所得税费用

16. 下列不影响营业利润计算的项目是（ ）。

A. 其他业务收入　　B. 财务费用

C. 管理费用　　D. 营业外支出

17. 利润表中“本期数”栏各项目数字是根据损益类账户的（ ）填列的。

A. 期初余额　　B. 期末余额

C. 本期发生额合计数　　D. 累计发生额合计数

18. 反映企业在一定会计期间经营成果的报表是（ ）。

A. 资产负债表　　B. 利润表

C. 现金流量表　　　　　　　　　　　D. 所有者权益变动表

19. 某企业20×7年2月主营业务收入为100万元，主营业务成本为80万元，管理费用为5万元，资产减值损失为2万元，投资收益为10万元。假定不考虑其他因素，该企业当月的营业利润为（　　）万元。

A. 13　　　　B. 15　　　　C. 18　　　　D. 23

20. 在多步式利润表中，营业外收支是计算（　　）时考虑的因素。

A. 主营业务利润　　　　　　　　　B. 其他业务利润

C. 营业利润　　　　　　　　　　　D. 利润总额

21. 某企业利润表中“本年累计数”栏中主营业务利润为200万元，其他业务利润为50万元，政府补助为15万元，销售费用为20万元，管理费用为10万元，则其营业利润为（　　）万元。

A. 220　　　　B. 235　　　　C. 250　　　　D. 295

22. 下列各项中，应在企业现金流量表“经营活动产生的现金流量”中反映的是（　　）。

A. 收到的现金股利

B. 支付的银行借款利息

C. 收到的处置价款

D. 销售商品、提供劳务收到的现金

23. 下列各项中，能够引起现金流量表净额发生变动的是（　　）。

A. 以存货抵偿债务

B. 以银行存款购买2个月内到期的债券投资

C. 以银行存款支付采购款

D. 将现金存为银行活期存款

24. 下列各项中，关于承租人在其财务报表中的披露不正确的是（　　）。

A. 偿还租赁负债本金和利息所支付的现金，应当计入筹资活动现金流出

B. 按照租赁准则有关规定对短期租赁和低价值资产租赁进行简化处理的，支付的相关付款额，应当计入经营活动现金流出

C. 支付的未纳入租赁负债计量的可变租赁付款额，应当计入经营活动现金流出

D. 承租人无须在财务报表附注中披露有关租赁活动的定性和定量信息

25. 下列各项中，属于企业经营活动产生的现金流量的是（　　）。

A. 收到的税费返还款　　　　　　　B. 取得借款收到的现金

C. 分配股利支付的现金　　　　　　D. 取得投资收益收到的现金

26. 某企业20×8年度发生以下业务：以银行存款购买将于2个月后到期的国债500万元，偿还应付账款200万元，支付生产人员工资150万元，购买固定

资产 300 万元。假定不考虑其他因素，该企业 20×8 年度现金流量表中“购买商品、接受劳务支付的现金”项目的金额为（　）万元。

A. 200　　B. 350　　C. 650　　D. 1 150

27. 现金流量表中，购建和处置固定资产产生的现金流量属于（　）。

A. 经营活动产生的现金流量

B. 投资活动产生的现金流量

C. 筹资活动产生的现金流量

D. 其他活动产生的现金流量

28. 下列不属于现金流量表中补充资料项目的是（　）。

A. 将净利润调节为经营活动产生的现金流量

B. 不涉及现金收支的投资和筹资活动

C. 现金及现金等价物净增加情况

D. 汇率变动对现金的影响

29. 企业将净利润调节为经营活动现金流量时，下列各项中，属于调整减少现金流量的项目是（　）。

A. 存货的减少　　B. 无形资产摊销

C. 公允价值变动收益　　D. 经营性应付项目的增加

30. 下列各项中，不属于筹资活动产生的现金流量的是（　）。

A. 取得借款收到的现金

B. 吸收投资收到的现金

C. 处置固定资产收回的现金净额

D. 分配股利、利润或偿付利息支付的现金

31. 下列与关联方交易有关的内容中，不需要在报表附注中披露的是（　）。

A. 关联方关系的性质　　B. 关联方交易的类型

C. 关联方交易的要素　　D. 关联方的资产总额

32. 下列项目中，不属于上市公司报表附注内容的是（　）。

A. 或有事项的披露　　B. 公司的会计政策

C. 关联交易的情况　　D. 公司筹资的目的

二、多项选择题

1. 会计报表至少应包括（　）。

A. 资产负债表　　B. 利润表

C. 现金流量表　　D. 所有者权益变动表

2. 动态报表是反映企业资产运动处于显著变动状态的会计报表，包括（　）。

A. 资产负债表　　B. 现金流量表

C. 利润表　　D. 报表附注

3. 下列属于资产负债表“负债和所有者权益”方填列的项目是（　　）。

A. 累计折旧　　B. 长期应付款

C. 预付账款　　D. 预收账款

4. 资产负债表中“货币资金”项目，应根据（　　）账户的期末余额合计填列。

A. “库存现金”　　B. “银行存款”

C. “其他应收款”　　D. “其他货币资金”

5. 不属于资产负债表项目的有（　　）。

A. 库存现金

B. 待处理财产损溢

C. 利润分配——未分配利润

D. 原材料

6. 下列资产负债表项目应根据科目明细余额填列的有（　　）。

A. 预收款项　B. 应收账款　C. 存货　D. 应付账款

7. 借助于资产负债表提供的会计信息，可以帮助管理者（　　）。

A. 分析企业资产的结构及其状况

B. 分析企业目前与未来需要支付的债务数额

C. 分析企业的盈利能力

D. 分析企业的现金流量情况

8. 下列项目中，列在资产负债表右方的有（　　）。

A. 固定资产　B. 长期借款　C. 应付票据　D. 应交税费

9. 编制资产负债表的资料来源有（　　）。

A. 总账　　B. 明细账

C. 备查登记簿　　D. 上年度资产负债表

10. 关于资产负债表，下列说法正确的有（　　）。

A. 资产方的项目一般按照流动性由大到小顺序排列

B. 是反映企业某一特定日期财务状况的会计报表

C. 属于主要的会计报表

D. 属于对外会计报告

11. 下列各项中，应在资产负债表“应收账款”项目列示的有（　　）。

A. “预收账款”科目所属明细科目的贷方余额

B. “应收账款”科目所属明细科目的借方余额

C. “应收账款”科目所属明细科目的贷方余额

D. “预收账款”科目所属明细科目的借方余额

12. 下列各项目中，应根据有关科目余额减去备抵科目余额后的净额填列的有（　　）。

A. 存货　　B. 无形资产

C. 应收账款　　D. 长期股权投资

13. 下列各项中，导致企业资产负债表“存货”项目期末余额发生变动的有（　　）。

A. 计提存货跌价准备

B. 用银行存款购入修理用备件（备品备件）

C. 已经发出但不符合收入确认条件的商品

D. 收到受托代销的商品

14. 利润表是企业的（　　）。

A. 主要会计报表　　B. 经营成果报表

C. 动态报表　　D. 静态报表

15. 下列各项中，对企业营业利润产生影响的有（　　）。

A. 资产减值损失　　B. 税金及附加

C. 营业外收入　　D. 投资收益

16. 下列各项中，影响企业营业利润的有（　　）。

A. 处置无形资产净收益

B. 出租包装物取得的收入

C. 接受公益性捐赠利得

D. 经营租出固定资产的折旧额

17. 下列各项中，属于工业企业现金流量表“筹资活动产生的现金流量”反映的项目的有（　　）。

A. 吸收投资收到的现金　　B. 分配利润支付的现金

C. 取得借款收到的现金　　D. 投资收到的现金股利

18. 制造企业下列各项交易或事项所产生的现金流量中，应在现金流量表“投资活动产生的现金流量”中反映的有（　　）。

A. 出售债券收到的现金

B. 收到股权投资的现金股利

C. 支付的为购建固定资产发生的专门借款利息

D. 收到因自然灾害而报废固定资产的保险赔偿款

19. 下列属于经营活动现金流量的有（　　）。

A. 收到的活期存款利息

B. 发行债券过程中支付的交易费用

C. 当期缴纳的企业所得税

D. 支付的基于股份支付方案给予高管人员的现金增值额

20. 下列属于现金流量表中经营活动现金流量项目的有（　　）。

A. 销售商品、提供劳务收到的现金

B. 购买商品、接受劳务支付的现金

C. 借款收到的现金

D. 支付给职工以及为职工支付的现金

21. 下列属于现金流量表中筹资活动现金流量项目的有（　　）。

A. 收回投资收到的现金

B. 吸收投资收到的现金

C. 偿还债务支付的现金

D. 分配股利、利润或偿付利息支付的现金

22. 根据现行会计准则的规定，下列各项中，属于企业经营活动产生的现金流量的有（　　）。

A. 收到的出口退税款

B. 收到交易性金融资产的现金股利

C. 转让无形资产所有权取得的收入

D. 出租无形资产使用权取得的收入

23. 现金流量表的编制方法有（　　）。

A. 直接法　　B. 减少法　　C. 增加法　　D. 间接法

24. 下列各项中，属于现金流量表中现金及现金等价物的有（　　）。

A. 库存现金

B. 其他货币资金

C. 3个月内到期的债券投资

D. 随时用于支付的银行存款

25. 企业应当在报表附注中披露与职工薪酬有关的信息，包括（　　）。

A. 支付给职工的工资、奖金、津贴和补助及其期末应付未付金额

B. 为职工缴纳的各类保险费及期末未付金额

C. 为职工提供的非货币性福利及其计算依据

D. 为职工缴存的住房公积金及其期末应付未付金额

26. 报表附注至少应当包括（　　）。

A. 企业的基本情况

B. 财务报表的编制基础

C. 遵循企业会计准则的声明

D. 报表重要项目的说明

27. 下列甲企业相关的各方中，与甲企业构成关联方关系的有（　　）。

A. 对甲企业施加重大影响的投资方

B. 与甲企业发生大量交易而存在经济依存关系的供应商

C. 与甲企业控股股东关键管理人员关系密切的家庭成员

D. 与甲企业受同一母公司控制的其他企业

三、判断题

1. 财务报表是以货币为计量单位，以表格的形式综合地反映会计主体在某一特定时期的财务状况、一定时点的经营成果以及现金流量等有关经济流动情况的书面文件。（　　）

2. 利润表和现金流量表属于动态报表。（　　）

3. 资产负债表、利润表和现金流量表属于向企业外部提供会计信息的报表。（　　）

4. 财务会计报告由会计报表和报表附注组成。（　　）

5. 资产负债表、利润表和现金流量表都是对内报表。（　　）

6. 资产负债表是反映企业一定报告期间财务状况的报表。（　　）

7. 资产负债表左方各项目是按照各自的流动性大小，即变现能力的强弱来排列的，反映企业资产可变现的数额和变现的速度（流动性），提供企业支付能力的信息。（　　）

8. 将于一年内到期偿还的长期负债，在资产负债表内应在流动负债下单独反映。（　　）

9. 资产负债表和利润表都是反映企业特定日期财务状况的会计报表。（　　）

10. 企业购置的固定资产是其从事生产经营活动的物质基础，因此购置固定资产支付的资金应在现金流量表“经营活动产生的现金流量”项目列示。（　　）

11. 现金流量表中的“现金”是指企业的库存现金。（　　）

12. 一般情况下，只有收到“现金”和支付“现金”的经济业务才在现金流量表中反映。（　　）

13. 报表附注是对在资产负债表、利润表、现金流量表和所有者权益变动表中列示项目的文字描述或明细资料，以及对未能在这些报表中列示项目的说明等。（　　）

四、计算题

甲公司为增值税一般纳税人，适用的增值税税率为13%，所得税税率为25%，年末一次确认全年所得税费用。商品、材料销售均不含增值税，商品、材料销售成本随销售收入的确认逐笔结转，本年利润采用表结法核算。有关资料如下：

资料一：20×8 年甲公司营业收入为 1 500 万元，营业利润率为 12.3%，净资产收益率为5.6%。

资料二：20×9年1—11月甲公司损益类科目累计发生额如下表所示：

单位：万元

科目名称	借方发生额	贷方发生额	科目名称	借方发生额	贷方发生额
主营业务收入		1 650	销售费用	42	
主营业务成本	1 320		管理费用	38	
其他业务收入		160	财务费用	19	
其他业务成本	85		营业外收入		90
税金及附加	26		营业外支出	78	

资料三：20×9年12月份甲公司发生如下交易或事项：

(1) 12月5日，向乙公司销售商品一批，开出的增值税专用发票上注明的价款为60万元，增值税税额为7.8万元，销售商品实际成本为45万元。提货单和增值税专用发票已交购货方，并收到购货方开出的商业承兑汇票。

(2) 12月10日，向丙公司销售A材料一批。该批材料的销售价格为5万元，增值税税额为0.65万元，销售材料实际成本为4万元。A材料已发出，销售款项存入银行。

(3) 12月18日，结转固定资产净收益8万元。

(4) 12月31日，计提公司管理部门固定资产折旧5万元，摊销公司管理部门用无形资产成本8万元。

(5) 12月31日，确认本月应交城市维护建设税2万元，教育费附加1万元。

(6) 12月31日，确认本年所得税费用75万元。

资料四：20×9年甲公司平均净资产为3 000万元。

假定除上述资料外，不考虑其他相关因素。

要求：

(1) 根据资料三编制甲公司相应的会计分录。

(2) 根据资料二、资料三编制甲公司20×9年度利润表。

(答案中的金额单位用万元表示。)

参考答案

一、单项选择题

1. D	2. D	3. A	4. D	5. D
6. D	7. A	8. B	9. D	10. D
11. B	12. C	13. C	14. D	15. B
16. D	17. C	18. B	19. D	20. D
21. A	22. D	23. C	24. D	25. A

26. A　27. B　28. D　29. C　30. C
31. D　32. D

二、多项选择题

1. ABCD　2. BC　3. BD　4. ABD　5. ABCD
6. ABD　7. AB　8. BCD　9. ABD　10. ABCD
11. BD　12. ABCD　13. AB　14. ABC　15. ABD
16. BD　17. ABC　18. ABD　19. ACD　20. ABD
21. BCD　22. AC　23. AD　24. ABCD　25. ABCD
26. ABCD　27. ACD

三、判断题

1. √　2. √　3. √　4. √　5. ×
6. ×　7. √　8. √　9. ×　10. ×
11. ×　12. √　13. √

四、计算题

(1) 根据资料三，甲公司相应的会计分录如下：

1）借：应收票据　67.80
　　贷：主营业务收入　60.00
　　　　应交税费——应交增值税（销项税额）　7.80
　借：主营业务成本　45
　　贷：库存商品　45

2）借：银行存款　5.65
　　贷：其他业务收入　5.00
　　　　应交税费——应交增值税（销项税额）　0.65
　借：其他业务成本　4
　　贷：原材料——A 材料　4

3）借：固定资产清理　8
　　贷：营业外收入　8

4）借：管理费用　13
　　贷：累计折旧　5
　　　　累计摊销　8

5）借：税金及附加　3
　　贷：应交税费——应交城市维护建设税　2
　　　　　　　　——应交教育费附加　1

6）借：所得税费用　75
　　贷：应交税费——应交所得税　75

（2）甲公司20×9年度利润表编制如下：

利润表（简表）

编制单位：甲公司　　20×9年度　　单位：万元

项目	本期金额
一、营业收入	1 875
减：营业成本	1 454
税金及附加	29
销售费用	42
管理费用	51
财务费用	
加：公允价值变动收益	
投资收益	
二、营业利润	280
加：营业外收入	98
减：营业外支出	78
三、利润总额	300
减：所得税费用	75
四、净利润	225

教材习题解答

一、思考题

1. 有人认为资产负债表比利润表更重要，如何评价其观点？

这个问题可以说是仁者见仁、智者见智。从会计的管理功能来看，会计报表的大多数读者都希望了解企业管理的绩效，因此，利润表的重要性是毋庸置疑的，当之无愧是社会各界更为关注的会计报表。形象地说，它就是企业管理层的成绩单。然而，也有人关心企业的清算价值，如同某些投资银行对所持股份的态度。对于这一类利益相关者而言，资产负债表更为重要。

资产负债表是用来反映企业的财务状况的，通过资产负债表可以提供某一特定日期资产的总额及其结构、负债总额及其结构，可以反映所有者拥有的权益，而利润表是用来反映企业的经营成果的，提供企业经营业绩的主要来源和构成，两者的侧重点不同，但都是企业财务会计报告中不可缺少的部分。其实，资产负债表和利润表都很重要，很难说哪个比哪个更重要，说资产负债表比利润表更重要的是主张资产负债观的人所强调的。

2. 现金流量表的作用是什么？

现金流量表是指反映企业在一定会计期间现金和现金等价物流入和流出的报表。现金流量表按照收付实现制原则编制，将权责发生制下的盈利信息调整为收付实现制下的现金流量信息，从经营活动、投资活动、筹资活动的不同角度反映企业业务活动的现金流入与流出。西方会计理论认为，现金流量表弥补了资产负债表和利润表提供信息的不足，便于了解企业的净利润质量。但并没有哪些利益集团（包括证券公司等投资机构）宣称从中受益，再加上现金流量表缺乏原始凭证的直接支持，其编制过程甚为烦琐，因此，对于亲自动手编制会计报表的企业管理层来说，现金流量表的编制是否必要，有待立法机关重新考虑。

二、练习题

1. 各项目的年末余额计算如下：

应收账款＝600－200＝400(万元)

预付款项＝150－113＋2＝39(万元)

长期股权投资＝2 500＋2 700＝5 200(万元)

固定资产＝(3 000－900－100－200)－300＋500＝2 000(万元)

应付账款＝1 050(万元)

应付职工薪酬＝250(万元)

长期借款＝200(万元)(期初向甲银行借入的 300 万元,到年底还有 9 个月到期,所以应该列入一年内到期的非流动负债项目)

2. (1) 会计分录如下（金额单位用万元表示）：

1）借：应收账款	203.40	
贷：主营业务收入		180.00
应交税费——应交增值税（销项税额）		23.40
借：主营业务成本	150	
贷：库存商品		150
2）借：应付职工薪酬	11.30	
贷：主营业务收入		10.00
应交税费——应交增值税（销项税额）		1.30
借：主营业务成本	8	
贷：库存商品		8
借：管理费用	11.30	
贷：应付职工薪酬		11.30
3）借：银行存款	20	
贷：其他业务收入		20
4）借：银行存款	90.40	
贷：其他业务收入		80.00
应交税费——应交增值税（销项税额）		10.40
借：其他业务成本	59	

贷：原材料　59

5）借：递延收益　300

贷：营业外收入　300

6）借：预收账款　10

贷：其他业务收入或主营业务收入（100×60%－50）　10

借：其他业务成本或主营业务成本（70×60%－35）　7

贷：劳务成本　7

7）借：管理费用　20

财务费用　10

营业外支出　5

贷：银行存款　35

（2）计算如下：

营业收入＝180＋10＋20＋80＋10＝300(万元)

营业成本＝150＋8＋59＋7＝224(万元)

营业利润＝300－224－11.3－20－10＝34.7(万元)

利润总额＝34.7＋300－5＝329.7(万元)

第 13 章 Chapter 13 财务报表分析

学习目标

本章主要讲解财务报表分析的目的和方法，财务报表分析的角度（偿债能力分析、管理效率分析、盈利能力分析、综合分析等）。通过本章的学习，同学们应当掌握偿债能力分析、管理效率分析和盈利能力分析常用财务指标的计算方法，还要准确理解综合分析体系的设计理念以及财务报表分析存在的局限性。

学习指导

一、学习重点

财务报表数据集中反映了企业的财务状况和经营成果，据此进行分析可以了解企业过往表现和现状。从企业经营管理的角度来看，财务报表可以帮助企业管理层分析自身的管理质量，还可以帮助其他的利益相关者分析企业的经营管理水平，具体而言：债权人（商业银行和债券投资者）可以利用财务报表作为其信用决策的参考；投资者（上市公司证券现有投资者及潜在投资者）可以通过财务报表分析修正其投资预期；供应商可以根据企业的财务指标来确定其赊销决策；等等。从国民经济管理的角度来看，财税、统计、工商等经济监管部门需要通过分析企业的财务报表来了解特定企业乃至该企业所属行业及产业的发展状况，从而制定有效的宏观经济调控政策。

本章中，同学们首先需要弄懂常见的财务报表分析方法，如比较分析法、因素分析法等，并且熟练掌握从哪些角度来对报表进行分析，如偿债能力分析、管理效率分析、盈利能力分析、综合分析等。同时，需要熟练记忆常见的财务分析指标的公式、具体应用场合。在此基础上，要构建起基本的财务报表分析逻辑，当拿到财务报表时，对于从什么维度进行分析做到心知肚明。

二、学习难点

由于本章中出现的指标计算公式很多，初学者特别容易出现混淆的情况。例如，流动比率与速动比率、销售毛利率与销售净利率等。应正确理解偿债能力、营运能力、盈利能力和发展能力之间的关系，综合评价企业的财务状况和经营状况，并在分析的基础上发现企业财务状况存在的问题，正确提出解决问题的方案。除此之外，对于杜邦分析这一体系的理解掌握有一定难度。

练习题

一、单项选择题

1. 下列各项财务指标中，能够提示公司每股股利与每股收益之间关系的是（　）。

A. 市净率　　B. 股利支付率

C. 每股市价　　D. 每股净资产

2. 下列各项财务指标中，能够综合反映企业成长性和投资风险的是（　）。

A. 市盈率　　B. 每股收益

C. 销售净利率　　D. 每股净资产

3. 下列各项中，符合企业相关者利益最大化财务管理目标要求的是（　）。

A. 强调股东的首要地位　　B. 强调债权人的首要地位

C. 强调员工的首要地位　　D. 强调经营者的首要地位

4. 下列各项中，通常不会导致企业资本成本增加的是（　）。

A. 通货膨胀加剧　　B. 投资风险上升

C. 经济持续过热　　D. 证券市场流动性增强

5. 根据相关者利益最大化的财务管理目标理论，承担最大风险并可能获得最大报酬的是（　）。

A. 股东　　B. 债权人

C. 经营者　　D. 供应商

6. 公司在创立时首先选择的筹资方式是（　）。

A. 融资租赁　　B. 向银行借款

C. 吸收直接投资　　D. 发行企业债券

7. 出于优化资本结构和控制风险的考虑，比较而言，下列企业中最不适宜采用高负债资本结构的是（　）。

A. 电力企业　　B. 高新技术企业

C. 汽车制造企业　　D. 餐饮服务企业

8. 下列项目投资决策评价指标中，一般作为辅助性指标的是（　）。

A. 净现值　　B. 内部收益率

C. 净现值率　　D. 总投资收益率

9. 下列各项中，不影响股利额变动的股利支付形式是（　）。

A. 现金股利　　B. 股票股利

C. 负债股利　　D. 财产股利

10. 下列关于提取任意盈余公积的表述中，不正确的是（　）。

A. 应从税后利润中提取

B. 应经股东大会决议

C. 满足公司经营管理的需要

D. 达到注册资本的50%时不再计提

11. 根据财务管理理论，按照取得资金的权益特性不同，可将筹资分为（　）。

A. 直接筹资和间接筹资

B. 内部筹资和外部筹资

C. 股权筹资、债务筹资和混合筹资

D. 短期筹资和长期筹资

12. 与普通合伙企业相比，下列各项中，属于股份有限公司缺点的是（　）。

A. 筹资渠道少　　B. 承担无限责任

C. 企业组建成本高　　D. 所有权转移较困难

13. 下列各种风险应对措施中，能够转移风险的是（　）。

A. 业务外包　　B. 多元化投资

C. 放弃亏损项目　　D. 计提资产减值准备

14. 与发行公司债券相比，吸收直接投资的优点是（　）。

A. 资本成本较低　　B. 产权流动性较强

C. 能够提升企业市场形象　　D. 易于尽快形成生产能力

15. 市场利率上升时，债券价值的变动方向是（　）。

A. 上升　　B. 下降　　C. 不变　　D. 随机变化

16. 在其他条件相同的情况下，下列各项中，可以加速现金周转的是（　）。

A. 减少存货量　　B. 减少应付账款

C. 放宽赊销信用期　　D. 利用供应商提供的现金折扣

17. 下列各项中，不属于普通股股东拥有的权利是（　）。

A. 优先认股权　　B. 优先分配收益权

C. 股份转让权　　D. 剩余财产要求权

18. 下列关于留存收益筹资的表述中，错误的是（　　）。

A. 留存收益筹资可以维持公司的控制权结构

B. 留存收益筹资不会发生筹资费用，因此没有资本成本

C. 留存收益来源于提取的盈余公积金和留存于企业的利润

D. 留存收益筹资有企业的主动选择，也有法律的强制要求

19. 某公司在营运资金管理中，为了降低流动资产的持有成本，提高资产的收益性，决定保持一个低水平的流动资产与销售收入比率，据此判断，该公司采取的流动资产投资策略是（　　）。

A. 紧缩的流动资产投资策略　　B. 宽松的流动资产投资策略

C. 匹配的流动资产投资策略　　D. 稳健的流动资产投资策略

20. 某公司存货周转期为160天，应收账款周转期为90天，应付账款周转期为100天，则该公司的现金周转期为（　　）天。

A. 30　　B. 60　　C. 150　　D. 260

21. 下列净利润分配事项中，根据相关法律法规和制度，应当最后进行的是（　　）。

A. 向股东分配股利　　B. 提取任意公积金

C. 提取法定公积金　　D. 弥补以前年度亏损

22. 下列比率指标的不同类型中，流动比率属于（　　）。

A. 构成比率　　B. 动态比率

C. 相关比率　　D. 效率比率

23. 下列各项中，不属于速动资产的是（　　）。

A. 库存现金　　B. 产成品

C. 应收账款　　D. 交易性金融资产

24. 下列各项中，受企业股票分割影响的是（　　）。

A. 每股股票价值　　B. 股东权益总额

C. 企业资本结构　　D. 股东持股比例

25. 产权比率越高，通常反映的信息是（　　）。

A. 财务结构越稳健

B. 长期偿债能力越强

C. 财务杠杆效应越强

D. 股东权益的保障程度越高

26. 下列因素中，一般不会导致直接人工工资率差异的是（　　）。

A. 工资制度的变动　　B. 工作环境的好坏

C. 工资级别的升降　　D. 加班或临时工的增减

27. 要获得收取股利的权利，投资者购买股票的最迟日期是（　）。

A. 除息日　　B. 股权登记日

C. 股利宣告日　　D. 股利发放日

二、多项选择题

1. 下列各项中，关于每股收益表述正确的有（　）。

A. 每股收益概念包括基本每股收益和稀释每股收益

B. 综合反映企业盈利能力

C. 可以用来判断和评价管理层的经营业绩

D. 综合反映企业偿债能力

2. 下列各项中，属于企业计算稀释每股收益时应当考虑的潜在普通股有（　）。

A. 认股权证　　B. 股份期权

C. 公司债券　　D. 可转换公司债券

3. 下列各项因素中，能够影响公司资本成本水平的有（　）。

A. 通货膨胀　　B. 筹资规模

C. 经营风险　　D. 资本市场效率

4. 使用以成本为基础的定价方法时，可以作为产品定价基础的成本类型有（　）。

A. 变动成本　　B. 制造成本

C. 完全成本　　D. 固定成本

5. 下列各项中，属于上市公司股票回购动机的有（　）。

A. 替代现金股利　　B. 提高每股收益

C. 规避经营风险　　D. 稳定公司股价

6. 与银行借款相比，下列各项中，属于发行债券筹资特点的有（　）。

A. 资本成本较高　　B. 一次筹资数额较大

C. 扩大公司的社会影响　　D. 募集资金使用限制较多

7. 下列关于发放股票股利的表述中，正确的有（　）。

A. 不会导致公司现金流出

B. 会增加公司流通在外的股票数量

C. 会改变公司股东权益的内部结构

D. 会对公司股东总额产生影响

8. 在一定时期内，应收账款周转次数多、周转天数少表明（　）。

A. 收账速度快　　B. 信用管理政策宽松

C. 应收账款流动性强　　D. 应收账款管理效率高

9. 下列各项因素中，影响经营杠杆系数计算结果的有（　）。

A. 销售单价　　B. 销售数量

C. 资本成本　　D. 所得税税率

10. 在其他因素不变的情况下，下列财务评价指标中，指标数值越大表明项目可行性越强的有（　）。

A. 净现值　　B. 现值指数

C. 内含报酬率　　D. 动态回收期

11. 一般而言，存货周转次数增加，其所反映的信息有（　）。

A. 盈利能力下降　　B. 存货周转期延长

C. 存货流动性增强　　D. 资产管理效率提高

12. 下列各项措施中，能够缩短现金周转期的有（　）。

A. 减少对外投资　　B. 延迟支付货款

C. 加速应收账款的回收　　D. 加快产品的生产和销售

13. 下列各项中，属于盈余公积金用途的有（　）。

A. 弥补亏损　　B. 转增股本

C. 扩大经营　　D. 分配股利

14. 下列各项因素中，影响企业资本结构决策的有（　）。

A. 企业的经营状况　　B. 企业的信用等级

C. 国家的货币供应量　　D. 管理者的风险偏好

15. 下列管理措施中，可以缩短现金周转期的有（　）。

A. 加快制造和销售产品　　B. 提前偿还短期融资券

C. 加大应收账款催收力度　　D. 利用商业信用延期付款

16. 下列各项中，影响应收账款周转率指标的有（　）。

A. 应收票据　　B. 应收账款

C. 预付账款　　D. 销售折扣与折让

三、判断题

1. 通过横向和纵向对比，每股净资产指标可以作为衡量上市公司股票投资价值的依据之一。（　）

2. 就上市公司而言，将股东财富最大化作为财务管理目标的缺点之一是不容易被量化。（　）

3. 处于衰退期的企业在制定收益分配政策时，应当优先考虑企业积累。（　）

4. 企业财务管理部门应当利用报表监控预算执行情况，及时提供预算执行进度、执行差异信息。（　）

5. 经济危机时期，由于企业经营环境恶化、销售下降，企业应当逐步降低

债务水平，以减少破产风险。 （ ）

6. 如果销售额不稳定且难以预测，则企业应保持较高的流动资产水平。 （ ）

7. 股票分割不仅有利于促进股票流通和交易，而且还有助于公司并购政策的实施。 （ ）

8. 在财务分析中，企业经营者应对企业财务状况进行全面的综合分析，并关注企业财务风险和经营风险。 （ ）

9. 当通货膨胀率大于名义利率时，实际利率为负值。 （ ）

10. 在企业承担总风险能力一定且利率相同的情况下，对于经营杠杆水平较高的企业，应当保持较低的负债水平，而对于经营杠杆水平较低的企业，则可以保持较高的负债水平。 （ ）

11. 股票分割会使股票的每股市价下降，可以提高股票的流动性。 （ ）

12. 净收益营运指数是收益质量分析的重要指标，一般而言，净收益营运指数越小，表明企业收益质量越好。 （ ）

13. 在股利支付程序中，除息日是指领取股利的权利与股票分离的日期，在除息日购买股票的股东有权参与当次股利的分配。 （ ）

14. 市盈率是反映股票投资价值的重要指标，该指标数值越大，表明投资者越看好该股票的投资预期。 （ ）

15. 对作业和流程的执行情况进行评价时，使用的考核指标可以是财务指标也可以是非财务指标，其中非财务指标主要用于时间、质量、效率三个方面的考核。 （ ）

16. 当公司处于经营稳定或成长期，对未来的盈利和支付能力可做出准确判断并具有足够把握时，可以考虑采用稳定增长的股利政策，增强投资者信心。 （ ）

17. 在应收账款保理中，从风险角度看，有追索权的保理相对于无追索权的保理对供应商更有利，对保理商更不利。 （ ）

四、计算题

1. 适应技术进步、产品更新换代较快的形势，C公司于2×09年年初购置了一台生产设置，购置成本为4 000万元，预计使用年限为8年，预计净残值率为5%，采用年数总和法计提折旧。C公司适用的所得税税率为25%。2×10年C公司亏损2 600万元。

经会计师预测，C公司2011—2016年各年年末扣除折旧的税前利润均为900万元。为此会计师建议，C公司应从2×11年开始变更折旧办法，使用直线法（即年限平均法）替代年数总和法，以减少企业所得税负担，对企业更有利。

在年数总和法和直线法下，2011—2016年各年的折旧额及税前利润的数据分别如下：

年数总和法下的年折旧额及税前利润

单位：万元

项目	2×11年	2×12年	2×13年	2×14年	2×15年	2×16年
年折旧额	633.33	527.78	422.22	316.67	211.11	105.56
税前利润	266.67	372.22	477.78	583.33	688.89	794.44

直线法下的年折旧额及税前利润

单位：万元

项目	2×11年	2×12年	2×13年	2×14年	2×15年	2×16年
年折旧额	369.44	369.44	369.44	369.44	369.44	369.44
税前利润	530.56	530.56	530.56	530.56	530.56	530.56

要求：

（1）分别计算C公司按年数总和法和直线法计提折旧情况下2011—2016年应缴纳的所得税总额。

（2）根据上述计算结果，判断C公司是否应接受会计师的建议（不考虑资金时间价值）。

2. D公司是一家服装加工企业，2×11年营业收入为3 600万元，营业成本为1 800万元，日购货成本为5万元。该公司与经营有关的购销业务均采用赊账方式。假设一年按360天计算。D公司简化的资产负债表如下所示：

资产负债表（简表）

2×11年12月31日

单位：万元

资产	金额	负债和所有者权益	金额
货币资金	211	应付账款	120
应收账款	600	应付票据	200
存货	150	应付职工薪酬	255
流动资产合计	961	流动负债合计	575
固定资产	850	长期借款	300
非流动资产合计	850	负债合计	875
		实收资本	600
		留存收益	336
		所有者权益合计	936
资产合计	1 811	负债和所有者权益合计	1 811

要求：

（1）计算D公司2×11年的营运资金数额。

（2）计算D公司2×11年的应收账款周转期、应付账款周转期、存货周转期以及现金周转期（为简化计算，应收账款、存货、应付账款的平均余额均以期末数据代替）。

（3）在其他条件相同的情况下，如果 D 公司利用供应商提供的现金折扣，则对现金周转期会产生何种影响？

（4）在其他条件相同的情况下，如果 D 公司增加存货，则对现金周转期会产生何种影响？

参考答案

一、单项选择题

1. B　2. A　3. A　4. D　5. A
6. C　7. B　8. D　9. B　10. D
11. C　12. C　13. A　14. D　15. B
16. A　17. B　18. B　19. A　20. C
21. A　22. C　23. B　24. A　25. C
26. B　27. B

二、多项选择题

1. ABC　2. ABD　3. ABCD　4. ABC　5. ABD
6. ABC　7. ABC　8. ACD　9. AB　10. ABC
11. CD　12. BCD　13. ABC　14. ABCD　15. ACD
16. ABD

三、判断题

1. √　2. ×　3. ×　4. √　5. √
6. √　7. √　8. √　9. √　10. √
11. √　12. ×　13. ×　14. √　15. √
16. √　17. ×

四、计算题

1. （1）不同折旧计提方式下 2011—2016 年应交所得税情况如下：

年数总和法下　　单位：万元

项目	2×11 年	2×12 年	2×13 年	2×14 年	2×15 年	2×16 年
年折旧额	633.33	527.78	422.22	316.67	211.11	105.56
税前利润	266.67	372.22	477.78	583.33	688.89	794.44
弥补亏损后的应纳税所得额	−2 333.33	−1 961.11	−1 483.33	−900	−211.11	
应交所得税	0	0	0	0	0	794.44×25% =198.61

应缴纳的所得税总额=198.61（万元）

直线法下 单位：万元

项目	2×11年	2×12年	2×13年	2×14年	2×15年	2×16年
年折旧额	369.44	369.44	369.44	369.44	369.44	369.44
税前利润	530.56	530.56	530.56	530.56	530.56	530.56
弥补亏损后的应纳税所得额	−2 069.44	−1 538.88	−1 008.32	−477.76	52.80	530.56
应交所得税	0	0	0	0	52.80×25% =13.20	530.56×25% =132.64

应缴纳的所得税总额=13.2+132.64=145.84（万元）

（2）根据计算结果，变更为直线法的情况下缴纳的所得税更少，所以应接受会计师的建议。

2.（1）计算如下：

2×11年营运资金数额=流动资产−流动负债=961−575=386（万元）

（2）各项指标计算如下：

应收账款周转期=360/（3 600/600）=60（天）

应付账款周转期=120/5=24（天）

存货周转期=360/（1 800/150）=30（天）

现金周转期=60+30−24=66（天）

（3）利用现金折扣会缩短应付账款周转期，则现金周转期增加。

（4）增加存货会延长存货周转期，则现金周转期增加。

□ 教材习题解答

一、思考题

在运用财务报表评价企业的业绩时，应当注意哪些主要问题？

（本题无标准答案。言之成理、自圆其说即可。）

评价企业业绩应注意以下方面：

（1）评价企业所能控制的因素，不评价企业不能控制的因素，例如，可以评价企业的收入、费用，不评价企业的公允价值变动损益。

（2）任何一个指标都不能全面衡量企业的业绩，因此评价企业业绩的财务指标应该是一系列指标。

（3）企业业绩评价应该包括财务指标和非财务指标，不能只运用财务指标，那样很可能会失之偏颇。

（4）应该兼顾短期业绩和长期业绩，只考虑短期业绩可能会损害企业的可持续发展能力。

二、练习题

1.（1）根据资料 3，甲公司相应的会计分录如下（金额单位用万元表示）：

1）借：应收票据　67.80

　　贷：主营业务收入　60.00

　　　　应交税费——应交增值税（销项税额）　7.80

　借：主营业务成本　45

　　贷：库存商品　45

2）借：银行存款　5.65

　　贷：其他业务收入　5.00

　　　　应交税费——应交增值税（销项税额）　0.65

　借：其他业务成本　4

　　贷：原材料——A 材料　4

3）借：固定资产清理　8

　　贷：营业外收入　8

4）借：管理费用　13

　　贷：累计折旧　5

　　　　累计摊销　8

5）借：税金及附加　3

　　贷：应交税费——应交城市维护建设税　2

　　　　　　　　——应交教育费附加　1

6）借：所得税费用　75

　　贷：应交税费——应交所得税　75

（2）甲公司 20×2 年度利润表如下：

利润表（简表）

编制单位：甲公司　　20×2 年度　　单位：万元

项目	本期金额
一、营业收入	1 875
减：营业成本	1 454
税金及附加	29
销售费用	42
管理费用	51
财务费用	19
加：公允价值变动收益	
投资收益	

续表

项目	本期金额
二、营业利润	280
加：营业外收入	98
减：营业外支出	78
三、利润总额	300
减：所得税费用	75
四、净利润	225

（3）财务指标计算如下：

$$销售净利率=\frac{营业利润}{营业收入}\times 100\%=\frac{280}{1\,875}\times 100\%=14.93\%$$

$$销售毛利率=\frac{营业收入-营业成本}{营业收入}\times 100\%$$
$$=\frac{1\,875-1\,454}{1\,875}\times 100\%$$
$$=22.45\%$$

$$净资产收益率=\frac{净利润}{平均资产}\times 100\%=\frac{225}{3\,000}\times 100\%=7.5\%$$

（4）20×1年度营业利润率为12.3%，20×2年度营业利润率为14.93%，相比之下20×2年比20×1年增加了2.63%，企业的营业能力有所增加。20×1年度净资产收益率为6%，20×2年度净资产收益率为7.5%，相比之下20×2年比20×1年增加了1.9%，企业的获利能力有所增加。综上所述，20×2年企业的获利能力较20×1年有所增加。

2.（1）有关财务比率计算如下：

$$流动比率=\frac{310+1\,344+966}{516+336+468}=1.98$$

$$速动比率=\frac{310+1\,344}{516+336+468}=1.25$$

$$资产负债率=\frac{516+336+468+1\,026}{3\,790}\times 100\%=61.90\%$$

$$资产报酬率=\frac{229.2}{3\,790}\times 100\%=6.05\%$$

$$净资产报酬率=\frac{229.2}{1\,444}\times 100\%=15.87\%$$

财务比率	本公司	行业平均水平
流动比率	1.98	2
速动比率	1.25	1
资产负债率	61.90%	50%
资产报酬率（ROA）	6.05%	5%
净资产收益率（ROE）	15.87%	10%

（2）该公司的流动比率接近行业平均水平，且速动比率高于行业平均水平，表明企业的短期偿债能力较强，但可能存在流动资产中应收账款占用金额过大、利用效果不好、周转速度较慢的问题。

该公司的资产负债率偏高，主要是长期负债所导致的。该公司的获利能力较强，ROA 和 ROE 均超过了行业平均水平。

图书在版编目(CIP)数据

会计学（第6版）学习指导书：非专业用/徐经长，孙蔓莉，周华编著. --北京：中国人民大学出版社，2020.1
中国人民大学会计系列教材
ISBN 978-7-300-27865-0

Ⅰ.①会… Ⅱ.①徐… ②孙… ③周… Ⅲ.①会计学-高等学校-教学参考资料 Ⅳ.①F230

中国版本图书馆CIP数据核字（2020）第003724号

国家级教学成果奖
“十二五”普通高等教育本科国家级规划教材 配套参考书
中国人民大学会计系列教材
《会计学（非专业用）（第6版）》学习指导书
徐经长 孙蔓莉 周 华 编著
《Kuaijixue（Feizhuanyeyong）（Di 6 Ban）》Xuexi Zhidaoshu

出版发行	中国人民大学出版社		
社　　址	北京中关村大街31号	**邮政编码**	100080
电　　话	010－62511242（总编室）		010－62511770（质管部）
	010－82501766（邮购部）		010－62514148（门市部）
	010－62515195（发行公司）		010－62515275（盗版举报）
网　　址	http://www.crup.com.cn		
经　　销	新华书店		
印　　刷	中煤（北京）印务有限公司		
规　　格	185 mm×260 mm　16开本	**版　　次**	2020年1月第1版
印　　张	12.75 插页1	**印　　次**	2024年6月第4次印刷
字　　数	243 000	**定　　价**	29.00元

教师教学服务说明

中国人民大学出版社财会出版分社以出版经典、高品质的会计、财务管理、审计等领域各层次教材为宗旨。

为了更好地为一线教师服务，近年来财会出版分社着力建设了一批数字化、立体化的网络教学资源。教师可以通过以下方式获得免费下载教学资源的权限：

在中国人民大学出版社网站 www. crup. com. cn 进行注册，注册后进入“会员中心”，在左侧点击“我的教师认证”，填写相关信息，提交后等待审核。我们将在一个工作日内为您开通相关资源的下载权限。

如您急需教学资源或需要其他帮助，请在工作时间与我们联络：

中国人民大学出版社　财会出版分社

联系电话：010-62515987，62511076

电子邮箱：ckcbfs@crup. com. cn

通讯地址：北京市海淀区中关村大街甲 59 号文化大厦 1501 室（100872）